李天铭 —— 著

林泉积瑞

文化景观视野下的麦积山石窟价值阐释研究

复旦大学国土与文化资源研究中心文库

U0453962

知识产权出版社
全国百佳图书出版单位
—— 北京 ——

图书在版编目（CIP）数据

林泉积瑞：文化景观视野下的麦积山石窟价值阐释研究/李天铭著. —北京：知识产权出版社，2023.9

ISBN 978－7－5130－8873－2

Ⅰ.①林… Ⅱ.①李… Ⅲ.①麦积山石窟－研究 Ⅳ.①K879.244

中国国家版本馆 CIP 数据核字（2023）第 157252 号

内容简介

本书首次将文化景观作为一种方法论，系统地论述麦积山古往今来周边环境、人地关系的变化情况。在时间维度，麦积山石窟于北朝开凿完成之后一直在持续地发生着人地关系的变迁。它作为佛教圣迹、人文景观、文物古迹、世界遗产，涉略的人群对象、社会行为各不相同。在空间维度，本书分别从宏观的道路交通、风格传播，中观崖面开凿的选址、技术，微观的泥塑单体造像的风格、技术方面，进行了了全方位的梳理。

本书可供文化遗产研究者、石窟类文物古迹保护单位和实践者、管理者及高校相关专业师生参考阅读。

责任编辑：张雪梅 责任印制：刘译文
封面设计：杨杨工作室·张　冀

林泉积瑞——文化景观视野下的麦积山石窟价值阐释研究

LINQUAN JIRUI——WENHUA JINGGUAN SHIYE XIA DE MAIJISHAN SHIKU JIAZHI CHANSHI YANJIU

李天铭 著

出版发行：	知识产权出版社 有限责任公司	网　　址：	http://www.ipph.cn
电　　话：	010－82004826		http://www.laichushu.com
社　　址：	北京市海淀区气象路 50 号院	邮　　编：	100081
责编电话：	010－82000860 转 8171	责编邮箱：	laichushu@cnipr.com
发行电话：	010－82000860 转 8101	发行传真：	010－82000893
印　　刷：	三河市国英印务有限公司	经　　销：	新华书店、各大网上书店及相关专业书店
开　　本：	787mm×1092mm 1/16	印　　张：	12.25
版　　次：	2023 年 9 月第 1 版	印　　次：	2023 年 9 月第 1 次印刷
字　　数：	185 千字	定　　价：	89.00 元

ISBN 978－7－5130－8873－2

序言

一、 从佛教圣迹到世界遗产

位于甘肃省天水市的麦积山石窟是丝绸之路沿线重要的石窟寺遗址，地处天水市麦积区小陇山林泉幽静之处。石窟始建于十六国后秦时期，历经北魏至清十余个王朝1600余年的先后开凿和修葺，形成了独具特色的石窟造像与壁画风格。以泥塑为主的造像情态生动，在中国石窟寺中有"东方雕塑陈列馆"的美誉，引发中外游客对其中雕塑艺术杰作的珍赏。

从深山禅修的世外林泉之境到全民热衷参观的世界遗产，麦积山石窟究竟经历了怎样的场所转换与认知重塑的过程？对这一问题的探索与回答，既构成了麦积山石窟研究和展示的信息来源，也是全面探析麦积山石窟价值内涵的核心线索。

清末麦积山石窟已经全面衰落荒芜，尤其是木栈道损坏朽烂，使人难以登临。进入20世纪40年代后，在冯国瑞先生的主导下开始了麦积山石窟的古迹调查，对石窟进行了初步的编号和研究，并由当地工匠文得权带领木工组架设凌空栈道，崖壁上的许多窟龛得以再现。50年代常书鸿、吴作人等考察后，麦积山石窟受到国家文化部门的高度重视，进入现代文物保护工作的视野。1961年，麦积山石窟被列入我国第一批全国重点文物保护单位。20世纪80年代，伴随着石窟维修加固工程的完成，麦积山石窟打开大门向社会公众开放。进入

21 世纪第二个十年，麦积山石窟以世界文化遗产地蜚声海内外，自此开启了石窟保护和开放利用的新阶段。

2014 年麦积山石窟作为"丝绸之路：长安—天山廊道的路网"遗产项目的一部分成为世界文化遗产。由于石窟的开凿是一个人与自然互动演进的漫长过程，石窟类遗产一般可看作一种"人与自然共同创作"的遗迹性文化景观。

世界遗产委员会评价：麦积山石窟是中国石窟遗产中西魏、北周石窟的代表窟群之一，以其反映中国佛殿建筑形象的石窟形式、最早期的经变画等遗迹，影响广泛，成为丝绸之路佛教艺术自东向西影响的转折性阶段重要遗迹。❶ 麦积山独具特色的泥塑造像生动形象，刘开渠称之为"雕塑馆"，后演化为"东方雕塑馆"，成为麦积山石窟的代名词。❷ 麦积山石窟以其独特的自然环境与气候条件，相较于其他北朝石窟具有更强烈的景观特征，还被誉为"秦地林泉之冠"。❸

今天，作为世界遗产地和全国重点文物保护单位的麦积山石窟，虽然其历史状态中如禅修等功能已经减弱，但作为景观杰作，为今天的游客和研究者提供学习、阐释与欣赏的价值依然鲜活。然而，这并不意味着麦积山石窟只是艺术品的储藏库和物理形态的终点，如何挖掘石窟背后所经历的历史变迁，如何向未来的人们讲述这类遗产的珍贵与脆弱，这些问题越发引人关注与思考。

二、 价值阐释的新视野

2022 年 7 月 22 日召开的全国文物工作会议调整了文物保护十六字方针的表述，首次提出了"挖掘价值"的内容和要求，这也进一步印证了"价值研究"是文物保护事业的核心要义，是文物研究者开展工作的基础与前提。

对于麦积山而言，自 20 世纪 50 年代大规模考察以来，既往麦积山的研究保护与管理重心比较侧重麦积山窟龛造像作为东方雕塑杰作的价值，并且由于

---

❶ State Administration of Cultural Heritage of the People's Republic of China, Ministry of Culture and Information of the Republic of Kazakhstan, Ministry of Culture and Tourism of the Kyrgyz Republic. Silk Roads: Initial Section of the Silk Roads, the Routes Network of Tianshan Corridor [Z]. 2014.

❷ 刘开渠. 中国古代雕塑的杰出作品 [J]. 文物参考资料, 1955 (1): 3-31.

❸ [宋] 祝穆. 方舆胜览 [M]. 北京：中华书局, 2003.

考古部门设立相对较晚，对于历史信息的挖掘与研究欠足备，对于包括山崖植被、地质地貌等在内的自然环境的价值也存在认知不足的问题。

文物与其环境在价值阐释上是不可割裂的两个单元，因此无论是《威尼斯宪章》提出的"古迹的保护包含着对一定规模环境的保护"，还是《中国文物古迹保护准则》提出的"保护文物环境"的概念，均对文物本体之外的景观环境提出了保护要求。许多中国古代文物在创造之初就与周围环境是高度同构和互为表里的物质关系。自然环境不仅为人类巧思的生发和利用创造了条件，也包含着设计者高妙的经营意趣。

采用文化景观的视野，正是对石窟类遗产解构与阐释的关键方法。引入文化景观视角，将致力于讲述麦积山石窟人地关系、地方景观的生成史，而非仅局限于当下的遗迹状态。在人与自然动态交互的过程中，展现踪迹浩渺的具体的劳动和劳动者选址、开凿、修葺、重妆之中形成的仪礼经验和技术传统。

在佛教艺术层面，麦积山石窟坐落于丝绸之路东西交流、南来北往的交会要点，是佛教在中国传播过程中的重要枢纽，其窟龛形制、题材技法、造像风格反映了不同地区文化因素碰撞与融合的结果，也全面展现了佛教艺术中国化的演变过程。此外，营造麦积山石窟的古代工匠还根据秦州地区的土壤特点，为佛教造像发展出了一套风格鲜明的泥塑技法，尤以北朝造像艺术成就为最，被刘开渠赞誉为"大雕塑馆"。

在景观层面，麦积山石窟地处陇南山林地区，潮湿的天气和特殊的地形环境形成了"麦积烟雨"的自然奇观。作为古代秦州地区知名的景观遗迹，麦积山石窟不断有文人登临访古，如南北朝时期的庾信、唐代的杜甫。早期的名家诗歌与文学创作不断吸引后世文人，逐渐将其塑造为天水麦积山地区一处知名的人文史迹。独特的人文环境和自然景观特征构成了麦积山石窟景观层次的丰富性和观看方式的多元化。通过不同的观看位置与游线变化，可以发现麦积山的景致迭换变化，自然胜景与人文意境高度叠合，体现出麦积山石窟独有的景观价值和文化内涵。

麦积山石窟的艺术风格和景观内涵构成了中国石窟寺遗产中一道鲜有的文化风景线，不仅具有丰富可探的学术价值，对于国家民族的文化和精神文明建设同样具有重要意义，用敦煌研究院第二任院长段文杰的话来说，"麦积山的艺术更具有民族特色，对进行爱国主义教育、增强民族自信心和自豪感，对社会主义精神文明建设有很大作用"。更重要的是，从雕塑杰作到周围景观的价值认知的转向有利于激发研究者从更长的历史时段和更广阔的遗址环境思考麦积山石窟保护传承的意义。

三、 保护规划修编进行时

麦积山石窟艺术研究所在 2007 年与 2012 年先后编制了《麦积山石窟保护规划（2008—2020)》和《麦积山石窟管理规划（2012—2018)》，两部规划在麦积山石窟过去十几年的保护管理等工作中发挥了重要作用，但目前均已到期。2014 年，麦积山石窟被列入世界遗产名录后，面临着全新的发展契机与保护管理需求，亟须统合两部规划，深入挖掘价值，制定集保护、研究、利用、管理于一体的规划发展新方向。

自 2019 年 11 月以来，复旦大学国土与文化资源研究中心与麦积山石窟艺术研究所展开合作。复旦大学文物与博物馆学系的师生连续三年前往麦积山石窟附近开展实地调查研究工作，对麦积村、草滩村、阮家庄等村子的居民进行访谈调查，展开了麦积山石窟价值阐释的课题研究，希望以从麦积山文物本体到周边环境的整体需求为出发点，系统、全面地阐释麦积山石窟的价值内涵，并将这些思考及研究成果落实在《麦积山石窟保护规划》修编的设计与推进中。

想要完整地认识一个遗产地，需要从空间、时间、人地互动关系及其发展等各个方面展开。本书旨在从多维度的空间角度进行剖析，获得对麦积山石窟由大到小、由广至狭的空间认识。麦积山石窟的选址和营造受到宏观的大地理交通条件、中观的区域地理因素、微观的崖面设计这三个层次的空间影响。

本书力求以整体的空间视角拓展麦积山石窟价值阐释的边界，提炼其空间方面的多层次价值，以回应当下"挖掘价值"的保护政策指引。确实，也只有在梳理清楚麦积山石窟自身与周边的地理关系之后，才能更好地理解初创时期麦积山石窟的性质，也能为接下来理解麦积山石窟具体的开凿过程、窟龛再利用、石窟性质的转变做好铺垫，从而更好地挖掘麦积山石窟的多元文化价值。

目录

第一章
多尺度下的麦积山石窟

麦积山石窟位于陇蜀古道的重要城市天水周边，不同交通要道上的多元文化在此地交流融合，促成了麦积山石窟人文景观、文物古迹的形成。

　　麦积山山形奇绝，孤峰耸峙。走近麦积山，一侧陡坡、一侧悬崖。山体周围有两条河环绕其前后。周围地形合围出一个独特的地形小气候。天水年降水充沛，在雨季时山顶时常烟云缭绕，好似仙境。

首先，让我们把视线拉远、视野放宽，从整个中国来看麦积山石窟。麦积山石窟所在的秦岭山脉是一条天然的南北屏障。在纵横南北的交通路网之中，天水、麦积山在东西南北方向上分别有哪些道路、河流？会受到哪些军事行动、文化传播的影响？

其次，在中观层面，将视野缩小在秦岭余脉小陇山中。麦积山自身山体的山势、水温、气候及它周围的山体共同构成了现在的整个麦积山景观合集。在这个区域内的不同资源，如文物、建筑、自然资源和林木，基本分布情况如何？

最后，在微观视野下，对麦积山石窟具体的文物构成进行概述。只有在梳理清楚麦积山石窟自身及所处的地理区位、交通路线、周围山区、洞窟造像的关系的基础上，才能系统地梳理麦积山多尺度空间价值，才能纵向梳理麦积山石窟的开凿过程、窟龛再利用、石窟性质，最终贯通理解麦积山石窟在各阶段的性质、人地关系，从而深入挖掘麦积山石窟的多元价值。

第一节　宏观：以麦积山石窟为中心的地理交通分析

从宏观交通路网来看，麦积山所在的天水属于陇右地区（陇右是指陇山即六盘山以西之地，今甘肃省东南地区），天水控扼河西与关中的交通往来，以秦州（治今甘肃省天水市）为中心形成了陇右佛教文化区。麦积山石窟所在的秦岭山脉是一条天然的南北屏障。所以，通过划分东西横向线路与南北纵向线路，进行空间上的十字形切分，可以更好地理解以麦积山石窟为中心的地理交通关系。

（一）麦积山以北的交通路线概况

按照"丝绸之路"的定义，从东西横向来看，贯穿甘肃省全境的交通路线分为陇西段与河西段。

陇西段有北、中、南三条线路，三条线路都从长安出发。

北线沿渭河至虢县（今陕西省宝鸡市），过汧县（今甘肃省陇县），越六盘山固原和海原，沿祖厉河，在靖远渡黄河至姑臧（今甘肃省武威市凉州区）。

3

北线是开通最早但里程最短的路线。

中线开辟于公元前 114 年（汉武帝元鼎三年），出陇关（大震关），翻越陇山，经张家川、陇城（今甘肃省秦安县北）、魏店、吉川、碧玉、通渭、定西、榆中，在金城（今甘肃省兰州市西固区）过黄河，再经令居（今甘肃省永登县）越乌鞘岭到达武威。

南线经过天水，具体路线是出陇关、越陇山，在张家川马鹿向南行经清水，过上邽（今甘肃省天水市清水县），沿渭河西行经冀县（今甘肃省甘谷县）、武山、襄武（今甘肃省陇西县）、渭源、狄道（今甘肃省临洮县），渡洮河，再经枹罕（今甘肃省临夏市），从永靖渡黄河出积石山，最后由乐都过祁连山，经天祝、古浪后到达武威。

陇西段三条线路会合于武威后，向西进入河西走廊，形成河西段路线。❶

麦积山所在的陇右地区处于中原汉族地区与西北少数民族地区的过渡地带，是几个地域文化区域的接合部，陇右地区可以利用一切机会吸取中原文化的优势部分，而经西部传来的西域文化或少数民族文化在此经过过滤和融合再传到中原。麦积山就是这一过程的最佳见证者。

（二）麦积山以南的交通路线概况

从南北方向来看，陇右区域跨越西侧秦岭，通过祁山道连通甘肃与四川。祁山道是陇蜀古道的主干道，而陇蜀古道是古代连通西北与西南的重要线路，是丝绸之路通向蜀地的重要分支，是连通南北丝绸之路的桥梁与纽带。

学者苏海洋、王宏谋以考古资料和文献资料相互印证，讨论了祁山道的形成和演变，并将祁山道分为北秦岭段、中段、南秦岭段三部分。❷

北秦岭段是由秦岭山地北侧的秦州南连通长江流域的嘉陵江上游，支线包括铁堂峡支道、木门支道和阳溪支道。

中段是上述三条支道在西和县长道镇会合后，溯西汉水支流漾水河南下，经祁家峡、石堡至西和县城附近分两路南下。

---

❶ 杨咏中. 甘肃交通史话 [M]. 兰州：甘肃文化出版社，2008：82.
❷ 苏海洋，王宏谋. 陇蜀古道历史地理研究 [M]. 北京：科学出版社，2018：145-201.

南下即南秦岭段。一路渡西汉水后经覆津道至甘肃武都，接阳平道入川。另一路至成县后经鸣水支道、青泥河支道、白水路支道或青泥岭支道翻越南秦岭至陕西略阳，又分为两路：一路经汉中至荆州或经米仓道至川东巴中；另一路在略阳继续顺嘉陵江南下广元，由广元西南经剑门关、江油、绵阳、广汉至成都，与西南丝绸之路连接。

从交通往来带来的民族融合和人口流动来看，陇右地区也是北方通往巴蜀地区的主要通道，东晋南北朝时晋室南渡和北方战乱导致的人口迁移也往往是甘陇地区人口向巴蜀地区移动。西魏、北周时期，中央政府为了加强对巴蜀地区的管理，对长安通往巴蜀地区的道路进行了整修。在此基础上，与道路相关的民族往来也日益密切。

一、 麦积山石窟以北的地理交通

在麦积山开窟之前，周边的城市与道路已经具备了一些独一无二的文化特色和战略地位。最为相关的城市是天水，它的取名与建制有一个发展过程。此外，在魏晋南北朝时期，北方各大城市陆续崛起，相继与麦积山石窟发生关联。

（一）天水地理区位特点

如今的天水市与不同历史时期的天水地区范围有重合也有出入，天水在不同历史时期的建制变化和具体所辖范围的变化也比较复杂。这些变化反映出天水独特的地域文化，并且这些地域文化在麦积山石窟开凿之前就已经存在。天水的地理区位特点基本可以总结为四点：天水是中西交通的前沿之地、多民族聚居之地，统一时期是相对于中央的边地，分裂时期是南北对峙的中间地。

首先，从"天水"这一名称的出现和演变梳理早期天水地区的地理区位信息。天水在商周时为西戎地，周孝王时（公元前891—前886年），养马有功的嬴非子被封为附庸，在秦建邑，为秦亭，邑治在今张家川回族自治县城南。

"秦"是今天水辖区见于史籍的最早地名，之后在秦人的惨淡经营及与西戎对峙交战之下势力渐大。周宣王六年（公元前822年），秦庄公大败西戎，收复西犬丘地，继而被周封为西垂大夫，所收复的西犬丘领地也被封给庄公。从此，秦在西犬丘（即西垂，今甘肃省天水市秦州区西南杨家寺乡、礼县红河一带）建立新都邑，拥有秦和西犬丘两处领地。秦武公十年（公元前 688 年），秦人西征，灭邽戎、冀戎，设置邽县（今甘肃省天水市秦州区）、冀县（今甘肃省甘谷县东南）。这是我国历史上最早见于史载的两个县级行政设置。秦惠公五年（公元前 395 年），秦灭绵诸戎，置绵诸道（今甘肃省清水县贾川乡）。秦孝公元年（公元前 361 年），秦灭獂戎，置獂道（今甘肃省武山县西北）。秦昭襄王二十八年（公元前 279 年），秦设陇西郡，郡治狄道（今甘肃省临洮县）。郡县制在今天水辖区正式确立。邽县、冀县、绵诸道、西县（原西垂故地，秦人东迁之后改县）、獂道属陇西郡。从以上建制变化可以看出，先秦时期的天水地区在秦人与西戎交战的过程中不断扩充，对应的地名都沿用了此地被收服的少数民族原名。

学者赵逵夫通过考古材料和从历史地理的角度分析，认为先秦已有天水之名，取自"天汉之源"意，与秦人早期活动于西汉水上游有关。他还认为秦人将生存所依的西汉水与天上的银河对应，称之为天汉、云汉、汉。这种天上地下相对应的取名方式反映出早期农耕文明日常生活中最注重地理和天文。❶

关于天水郡的得名，有文献记载认为始于汉武帝时期郡前湖水冬夏皆无增减的特性和相关传说。例如，南朝宋郭仲产《秦州地记》云："郡前湖水冬夏无增减，因以名焉"。《水经注·渭水》云："（上邽）五城相连，北城中有湖水，有白龙出是湖，风雨随之。故汉武帝元鼎三年，改为天水郡。"

汉武帝元鼎三年（公元前 114 年），从陇西、北地二郡析出天水郡，辖十六县，郡治平襄（今甘肃省通渭县城，一说碧玉镇）。今天水辖区分属天水、陇西二郡，其中天水郡的街泉（今甘肃省秦安县陇城镇）、戎邑道（今甘肃省清水县西北）、望垣（今甘肃省天水市麦积区三阳川）、罕开（今甘肃省天水市麦积区东南）、绵诸道、略阳道（今甘肃省秦安县五营镇蔡河村）、冀、成纪（今甘肃省秦安县西北）、清水（今甘肃省清水县城西上邽乡）、陇（今甘肃省张家川县城）十县治所及陇西郡的上邽（秦邽县改名，治今甘肃省天水市秦州区）、西县二县治所在今辖区。汉武帝元封五年（公元前 106 年）设置最初只有监察

---

❶ 赵逵夫. 汉水、天汉、天水——论织女传说的形成 [J]. 天水师范学院学报，2006（6）：1-4.

性质的十二州刺史部，天水、陇西二郡皆属于凉州刺史部。

从传说和历史遗迹来看，今天水市秦州区北皇城、麦积山雕巢峪、甘谷大像山、武山洛门西旱坪均有关于隗嚣"避暑宫"的传说或遗物。新莽建国元年（9 年），将天水郡改称镇（一作"填"）戎郡，陇西郡改称厌戎郡。新莽地皇四年（刘玄更始元年，23 年），成纪人隗崔、上邽人杨广、冀县人周宗等推举隗嚣为上将军，聚众起义，反抗王莽，攻占天水郡治平襄，建号"复汉"，割据天水、陇西等陇右诸郡，建都上邽、冀县，王莽所改郡县名恢复旧称。东汉光武帝建武六年（30 年）始，东汉和隗嚣集团展开争夺陇右的拉锯战。建武九年，隗嚣在冀县病逝。建武十年，隗嚣之子隗纯在落门聚（今甘肃省武山县洛门镇）投降，天水、陇西二郡复归东汉。

三国时期魏蜀之间的对抗在天水留下了许多古战场。曹魏时期依然延续州、郡、县三级制分陇，魏明帝时期汉阳郡又改称天水郡（郡治冀县），从建兴六年至延熙十九年（228—256 年），蜀汉多次出兵陇右，诸葛亮、姜维各两至天水，但天水郡始终为曹魏据有。魏蜀对抗中天水的战略位置极为重要，魏军即使在形势十分不利的情况下，因为一直控制住了天水，也没有造成整体战略上的失败。

（二）麦积山石窟与北方都城的联系

天水在各个历史时期与凉州、长安、平城、洛阳等北方的中心城市一直关联密切，这些关联在麦积山石窟的初期开凿活动、僧侣往来、地方行政长官的任命等各个方面都可见一斑。

秦州与凉州在南北位置上接近，两地的人员流动也频繁。僧人玄高的求学之路就在麦积山和凉州地区往来："高乃杖策西秦，隐居麦积山。山学百余人，崇其义训禀其禅道。时有长安沙门释昙弘，秦地高僧，隐在此山，与高相会，以同业友善。时乞佛炽盘跨有陇西，西接凉土。有外国禅师昙无毗来入其国，领徒立众训以禅道。然三昧正受，既深且妙，陇右之僧禀承盖寡。高乃欲以己率众，即从毗受法。"❶

---

❶ 释慧皎. 高僧传［M］. 汤用彤，校注. 北京：中华书局，1992：409－410.

长安是中国北方佛教的中心地区之一，后秦时期，鸠摩罗什被姚兴礼遇，在长安从事佛经翻译和推广佛教的活动。鸠摩罗什时代的长安，佛教达到了鼎盛。后秦时秦州佛教当已有根基，姚秦政权对秦州也十分重视，秦州自然也受到长安佛教的影响。鸠摩罗什在长安译经之时麦积山当已有佛教活动，又由于秦州与长安的关系，麦积山在此时已成为坐禅修行的名山。

天水与平城的联系体现在道路与人员的往来上。在北魏定都平城近百年的时间里，平城是通往西域道路的东端，天水在平城通往西域的交通路线上也是一个重要节点。此条通往西域之路的大致走向是由平城京畿地区向西渡过黄河，再沿鄂尔多斯沙漠东南缘到达无定河上游，接着过天水到达兰州附近，沿西北方向至姑臧（今武威市凉州区），至凉州后过敦煌继续向西域方向延伸。

北魏十分重视对秦州的经营，北魏都平城、洛阳时期，中央政权多派遣皇室子弟或平城勋贵任秦州最高长官。历任秦州刺史中有昭成子孙中的元嵩、代郡平城勋贵的穆亮、汝阳王元天赐第五子元修义等。其中，穆亮不仅历任秦州刺史、敦煌镇都大将军、仇池镇将，还负责营建过洛阳城，信仰佛教。他在陇右任职的时间正好为北魏孝文帝延兴时期（471—476 年），这一时期是北魏云冈模式向外扩散的时期，也是云冈第二期洞窟开始大规模营建的时期，从他的个人经历可以窥见天水和麦积山石窟与北魏政权中心城市之间联系密切。

西魏北周时期对秦州的重视也可以从地方长官的任命中看出。这些秦州地方长官一般有两重重要的身份背景：多为一路追随的北方六镇武将，他们的籍贯又多为长安。可见，西魏北周时期北方政权中心对边地秦州十分重视，秦州的地方长官从出身背景到个人经历都必须让中央政权放心。

二、 麦积山石窟以南的地理交通

在麦积山石窟被修建起来之前，陇蜀道路已经发展成熟。由于天水在地理上具有重要的战略地位，所以从刘邦到诸葛亮，都屡次从秦岭以南出发争夺天水。麦积山就是在这种极具战略地位的地理构成中发展起来的。

（一）自古以来陇右的战略地位

天水地理区位的重要性需要联系川、陕、陇三地来分析。首先要明确天水所在的陇右是一个历史概念，"陇右"一词在《后汉书》和《三国志》中才开始频繁出现。

"陇右"中的"陇"是指陇山，秦及西汉时陇山的军事意义主要体现在沟通南北、应对匈奴。到了东汉，陇山成为洛阳朝廷控御西北、抵御羌人的关键所在，其重要作用就是沟通东西，"陇右"作为区域地名也流行开来。东汉狭义的陇右仅指靠近陇山的天水郡（后改称汉阳郡），而广义的陇右则可西到河湟（今青海省东部）。秦汉以降，陇右地区的重要性逐渐凸显，它是古代西北地区的兵家必争之地，地穷山险、诸族错杂，在军事地理、民族融合等各方面持续考验着历代中央政权。天水处于陇右之喉舌，与川、陕相连，在南北方向的联系通过陇蜀古道的主干道祁山道凸显出来，祁山道绕过秦岭西段，连通西南地区。

（二）天水在陇蜀交通中的重要性

在历史、政治等多重因素的影响下，讨论陇右地理区位的重要性，必定绕不开与此地相关的重要路线的发展、重要人物的行迹、重要战役的发生，以及此地与中央政权及其他重要地区的关系。特别是在战争时期，政权对抗之间更能得见陇右地区、天水的重要性。以下以刘邦由陇入蜀夺天下和诸葛亮北伐争夺天水为例分析天水在陇蜀交通中的重要性。

1. 刘邦夺天下

由陇入蜀的道路未完全通畅之前，从历史记载的刘邦夺取天下的第一步军事行动中可以看出，川、陕、陇三地在以汉中为中心的夺取天下的争斗中的战略地位是十分重要的。

公元前207年秦灭亡，项羽入咸阳，楚汉之争的序幕就此拉开。被封为汉王且封地远在巴蜀（后因为项伯的进言转圜，封地增加汉中，并且许以南郑即今天的汉中市为都）的刘邦起初不欲就国，萧何是这样劝说并且为刘邦绘制未来蓝图的："今众弗如，百战百败，不死何为？《周书》曰'天予不取，反受其咎'。语曰'天汉'，其称甚美。夫能诎于一人之下，而信于万乘之上者，汤、武是也。臣愿大王王汉中，养其民以致贤人，收用巴、蜀，还定三秦，天下可图也。"❶ 这段话的主要意图虽然是规劝刘邦徐徐图之，但是也点出了扎根汉中、深耕巴蜀、夺取关中三秦（辖有天水）之地，再以三秦为后方与项羽逐鹿中原的宏观策略。刘邦听从并从长远计议，经杜（今陕西省西安市长安区西）南入蚀中而到达汉中，又听从张良建议，"烧绝栈道，示天下无还心"。在麻痹项羽的同时，刘邦任用韩信，拜为大将；韩信从刘、项为人之优劣入手，对天下人心向背之大势进行了分析，并认为如从之，"三秦可传檄而定也"❷。刘邦在被封汉王4个月后（公元前206年8月）即依韩信计，起兵进取关中。11月，刘邦在取得废丘以西郡县后，分军西越陇山攻陇右，威武侯周勃率部破西丞，取上邽；汉二年正月攻占北地、陇右后，5月汉军集中兵力攻章邯，"引水灌废丘，废丘降，章邯自杀"，汉于雍地置中地、北地、陇西郡。

2. 诸葛亮北伐

从三国时期诸葛亮在《隆中对》中为刘备制定的战略也可以看出类似的地理战略重要性："荆州北据汉、沔，利尽南海，东连吴会，西通巴、蜀，此用武之国，而其主不能守，此殆天所以资将军，将军岂有意乎？益州险塞，沃野千里，天府之土，高祖因之以成帝业。刘璋暗弱，张鲁在北，民殷国富而不知存恤，智能之士思得明君。将军既帝室之胄，信义著于四海，总揽英雄，思贤如渴，若跨有荆、益，保其岩阻，西和诸戎，南抚夷越，外结好孙权，内修政理；天下有变，则命一上将将荆州之军以向宛、洛，将军身率益州之众出于秦川，百姓孰敢不箪食壶浆以迎将军者乎？诚如是，则霸业可成，汉室可兴矣。"诸葛亮提出以荆州为大本营继而经营益州，同时与周边少数民族保持合作，一旦形势变化即可一方面因地利防守，一方面出秦川进攻。魏、蜀相争之时，天水入蜀的道路也得以开拓。

诸葛亮战略决策的具体实施以北伐为代表，北伐又被称为"六出祁山"，但是实际上诸葛亮在祁山所在的天水郡内的作战只有两次，姜维统兵时期只有一次，均没有取胜。

---

❶ 班固. 汉书［M］. 北京：中华书局，2000：1554.
❷ 同❶1457.

一出祁山是在建兴六年（228 年），诸葛亮首次出兵祁山，魏南安、天水、安定三郡吏民叛应亮。战事使魏朝野震恐，魏明帝西镇长安，亲督诸军救援。救兵、守兵在街亭相遇，魏先锋张郃大败蜀先锋马谡，魏军掌握战局主动，诸葛亮被迫退兵，胜利成果毁于一旦。诸葛亮在退兵时将西县千余户迁移汉中，西县渐废。街亭的具体位址颇有争议，但是一般认为在今天水市秦安县陇城镇。从《三国志》的记载中基本可以推测出蜀军的进攻路线：赵云、邓芝为掩护主力由斜谷道（陕西境内褒斜道）攻取郿县（今陕西省宝鸡市眉县），而诸葛亮则亲率大军先从汉中出发经金牛道抵达沮县（约为今勉县土关铺以西地区及略阳县东部），再通过祁山道南段出祁山。❶ 学界对北伐线路的细节考证有多家之言，但是诸葛亮对祁山道的利用是毋庸置疑的。

看似顺利的第一次北伐以马谡失街亭而告终，赵云在撤退时还烧毁了一段栈道以阻追兵。在战事的推进中，蜀军并未攻克天水郡境内的高地祁山及交通枢要上邽，于是魏军在不利己方的情况下遏制住了蜀军在天水的扩张。之后街亭之役中，魏军又从上邽出兵配合街亭的主力，"亮无所据"，只得从西县撤退。

二出祁山是在建兴九年（231 年），诸葛亮复出围祁山。此次出征，蜀军兵强马壮，占据上风，但是魏军主帅司马懿据守上邽，蜀大军粮草不济，被迫退兵。魏宿将张郃率兵追击，诸葛亮依木门地形设伏兵射杀张郃。木门道俗称峡门，在今天水市秦州区西南 60 千米处的牡丹乡木门村。

诸葛亮于建兴十二年（234 年）病逝五丈原，三出祁山是在姜维主事时期于延熙十九年（256 年）发起的。此次出征是在前一年出兵狄道、大破洮西的有利形势下开展的，计划与汉中都督胡济东西夹击、合攻上邽，最终因胡济失期而惨败。

从诸葛亮的北伐路线可以发现他对《隆中对》中预设战略的改进：由两路进击、一举攻占关中改为遮断陇右、控制渭河上游、徐围关中，进而夺取天下。因为陇右是关中屏障，一方面可以此为跳板攻取关中甚至洛阳，另一方面可以

---

❶ 陈寿. 三国志 [M]. 裴松之，注. 北京：中华书局，1959：922 - 928.

震慑魏国。秦州是陇右喉舌，天水自然成为蜀军用兵之地。姜维将战略重心移至比天水更西的临洮一带，但是"遮断陇右"的北伐战略是一脉相承的，天水依旧是姜维用兵的重点区域。相对应的，曹魏政权也清楚陇右的重要性，始终以祁山、上邽、冀城、狄道、临洮等地为军事要塞，竭力死守。

第二节　中观： 麦积山石窟周边环境与地理空间

麦积山石窟周围山区以其独特的自然风光与地理空间，自古以来便闻名遐迩。《汉书·地理志》中就记载了天水郡"山水灵秀，林木密茂"的特点。

相传东汉时期隗嚣避暑宫建于此。宋代以来麦积山被称为"秦地林泉之冠"。❶ 明清时期，地方文人将其特殊气候下形成的自然景观命名为"麦积烟雨"，并纳入"秦州十景"地方景观叙事内。中华人民共和国成立以后麦积山石窟被列入第一批国家级风景名胜区。由于具有特殊的地质构造与生态环境，麦积山区域设立了国家级地质公园及被誉为"西北第一园"的麦积山植物园。❷

麦积崖与周围山体的整体关系是怎样的？崖体是如何在自然及人为开凿的过程中形成的？本节将从自然环境要素与地理空间布局两个方面展开讨论，分析两者对麦积山石窟景观塑造的影响，探讨当下保护范围的划定依据。只有梳理清楚麦积山石窟的环境要素与空间发展，才能更好地理解初创时期麦积山石窟的性质，为解释下一阶段麦积山石窟性质的转变、空间的再利用做好铺垫，更好地挖掘麦积山石窟的多元价值。

一、 自然环境： 石窟发展的环境基础

麦积山位于天水市秦州区东南方向直线距离约35千米的秦岭余脉小陇山中，其自然环境与地理位置十分特殊。下文将从地质、水文、气候及生态四个方面的环境要素展开讨论，概述其对麦积山石窟形成、发展产生的影响，以及

---

❶ 祝穆. 方舆胜览［M］. 北京：中华书局，2003.

❷ 李路平. 围绕世界遗产价值体现的风景名胜区总体规划——以麦积山国家级风景名胜区为例［J］. 西部人居环境学刊，2015，30（5）：107-114.

当下保护环境景观的重要性。

（一）地质地貌

从地质条件来看，麦积山处于我国南北地震带的北段南部与汾渭地震带西部的交会处，位于秦岭—祁连—昆仑构造带与贺兰—川滇南北构造带的交接复合部位。❶ 岩层由第三纪砂砾岩构成，岩体结构较疏松；基岩裸露，呈砖红色，夹有薄层砂岩及含泥砾岩，大体为水平层，胶结程度较差❷；历史上多发地震与滑坡等地质灾害，对麦积山崖的石窟栈道、造像壁画造成了较大的损害。

从地形地貌来看，麦积山大景区内地形地貌复杂，山峦起伏，沟壑纵横。例如，石门山花岗岩峰林的中山地貌，麦积山、仙人崖赤壁丹霞的丹霞地貌，青山碧水、深切曲折的曲溪河谷地貌，共同构成了丰富壮丽的峰林、丹霞、峡谷、曲溪及瀑布、洞穴、温泉等地貌景观（图 1.1、书后插页）。

图 1.1　麦积山区域山形水势示意图（王军绘）

麦积山山体由近水平分布的厚层白垩系棕红色砂砾岩地层组成，由内外动力地质作用共同形成孤峰状丹霞地貌。麦积山因形似麦垛而得名，海拔高度约为 1742 米。麦积山山高约 142 米，在崖的南面及西南面中间突出，陡立岩壁呈

---

❶ 陈昌笃，王庆田. 甘肃省麦积山景区——生态过渡带自然和文化遗产杰出范例［J］. 生态学报，2007（1）：1–15.

❷ 相关资料由麦积山石窟艺术研究所提供。

85°倒坡。这是麦积山在区域景观内一峰耸立、众峰拱卫的地形地貌基础，也可能是选址开凿麦积崖的重要原因。由于其特殊的地质构造与科研价值，2009 年经国土资源部批准，在麦积山设立了国家级地质公园，研究和展示其在地质方面的独特性、重要性。

（二）水文条件

从水文条件来看，麦积山属于渭河流域与嘉陵江流域的分水岭，岭南为长江流域的嘉陵江，岭北为黄河流域的渭河水系，与麦积山石窟关联密切的渭河支流为永川河与东柯河（图 1.2）。

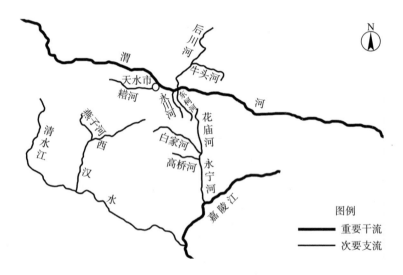

图 1.2　麦积山周围水系示意图（马小健绘）

与麦积山有直接关联的是永川河。麦积山被源于东南部天池坪的后崖沟和南部香积山的上河沟环绕，于西北处汇流成永川河，后汇入渭水。麦积山"前后溪流夹行"的环境符合南北朝时期"河泉围绕"的石窟选址特征。❶

从麦积山大景区整体来看，同属明清秦州东南宗教文化圈的仙人崖石窟与渭河支流东柯河关系密切，与嘉陵江支流花庙河也存在一定联系。流经仙人崖

---

❶ 刘慧达. 北魏石窟与禅［M］//宿白. 中国石窟寺研究. 北京：文物出版社，1996：331－348.

附近后川村的河流为东柯河。东柯河与发源于党川乡石门南坡的花庙河临近，花庙河自北向南流入徽县境内，与白家河汇成永宁河，流入嘉陵江。

（三）气候条件

从气候条件来看，麦积山位于秦岭、贺兰山、岷山三大山系交汇处，秦岭为黄河、长江两大水系的分水岭，是我国华北与华中气候的天然分界线。麦积山深居内陆，大陆气候特征明显，属东亚季风区。其主要气候特征为：温和湿润，四季分明，冬冷却无严寒，夏热而无酷暑。雨热同季，光照充裕。❶ 受季风影响，降水量的年际变化较大。春冬季干燥少雨，夏秋季多阴雨。降水时间集中于 7—9 月，平均年降水量 840 毫米，年蒸发量 1000 毫米。❷ 这种区域高蒸发量、雨热同期的气候使得降雨集中于夏秋两季，为麦积山秋季云雾缭绕的特殊气象创造了条件，也致使崖壁产生裂隙和风化现象，窟内文物长期受风雨侵蚀。

（四）生态环境

从生态环境来看，麦积山主要分布着秦岭山地温带落叶阔叶与针叶混交林带的淋溶性山地棕壤，土壤以地淋溶褐土为主。明清以来虽然由于人口增长、屯田垦殖破坏了植被绿化，但得益于中华人民共和国成立后的退耕还林政策，现今麦积山景区的植被覆盖率达 76%。❸ 良好的自然环境使得各种生物得以在麦积山生存，因此麦积山在植物种群方面也具有非常重要的科研价值。最具代表性的是被誉为"西北第一园"的麦积山植物园，是我国加入世界自然保护联盟的四大植物园之一。❹ 区域内名树古木众多，包括云杉、冷杉、水杉、白皮松、红豆杉、玉兰树、野生紫竹、野生百合、金背杜鹃、甘肃琼花等。动物资源也极为丰富，野生动物有野猪、狼、獾、鹿、斑羚、蛇、刺猬、熊、松鼠、野兔、猫头鹰、中华锦鸡、雉等数十种。

---

❶ 陈昌笃，王庆田. 甘肃省麦积山景区——生态过渡带自然和文化遗产杰出范例 [J]. 生态学报，2007（1）：1-15.

❷ 相关数据由麦积山石窟艺术研究所提供.

❸ 同❶.

❹ 李路平. 围绕世界遗产价值体现的风景名胜区总体规划——以麦积山国家级风景名胜区为例 [J]. 西部人居环境学刊，2015，30（5）：107-114.

综上所述，麦积山自然环境良好，自古以来便因山形水势与特殊气候为时人所知，宋代起便被称为"秦地林泉之冠"。麦积崖一峰耸立，山势高于周围低矮的山丘，且被豆积山、香积山等山体组成的山脉线围绕，给人以众山朝拜之感；秋季雨水较多，每逢阴雨连绵，麦积山便隐于云雾之中，从而形成特殊的自然景观"麦积烟雨"。麦积山周围地形地貌复杂多样，动植物种类繁多，具有较高的地质、生态科研价值。

二、 地理空间： 周围山体及景观命名

麦积山地理空间十分特殊。作为宗教文化遗迹，其文化辐射作用也影响了周围山体景观的形成。麦积山石窟的选址和营造涉及多个朝代的人群活动，体现了麦积山石窟持续的人与自然动态的共创过程。下文将麦积山周围山体作为研究对象，从其山体的命名与发展分析麦积山的人地关系。

麦积山高约 142 米，其山势高于周围低矮的山丘，且被周围山体的山脉线围绕，在该区域内呈现出"一峰耸立、群峰环绕"的景观特征。

事实上，麦积山与周边山峰的关系远比能够看到的景观联系复杂。以麦积山为中心、以 10 千米为半径的范围内，山体布局呈现小环，各个时代在此居住的不同人群以麦积山为核心陆续展开了对崖体、山顶、山谷的利用，并按照不同的文化观念进行命名和阐释。麦积崖周边有香积山、豆积山、僧帽山（鞍子山）等山峰。这些山峰形状特异，多按照宗教用语命名。在仙人崖、石门山、豆积山、香积山上及麦积山前均有寺庙。

随着麦积山崖体逐渐被窟龛占满，佛教的影响开始向周边扩散，不同人群在麦积山周围利用自然环境和资源及麦积山的影响力构建了新的景观。麦积山周围 15～20 千米范围内有麦积山大景区内的仙人崖、石门山（图 1.3）。仙人崖石窟与麦积山石窟共同开凿于北魏时期，后来慢慢衰退。至明清时期仙人崖、石门山、麦积山均被列入"秦州十景"，形成了秦州东南角宗教文化圈的代表性景观，并最终反哺麦积山石窟本体的延续和发展。

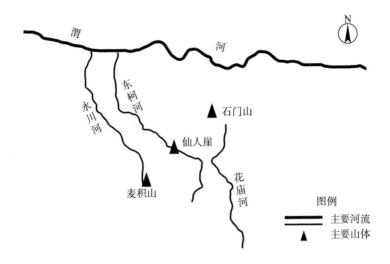

图 1.3　麦积山石窟大景区内山体景观示意图（马小健绘）

香积山、豆积山、僧帽山等山体与麦积山既有空间上的关系，历史上又属于相同的宗教文化圈。从历史上山体的命名及功能来看，这些山峰与麦积山石窟以往的佛教圣迹属性紧密相连，应当属于同一类文化性质。现如今它们处在麦积山大景区和文物保护单位管理下，同时作为麦积山石窟的组成部分受世界遗产委员会的监测，宗教属性已经大大削弱，成为文化遗产与旅游名胜。山体之间的关联性日益淡化，需要进一步深入研究，以阐明价值。

（一）雕巢峪

雕巢峪又称三扇崖，位于麦积山北面，因崖壁直立，如倒置的三折扇面，故有其名。崖面多侵蚀洞穴，状如鸟巢，又名雕巢峪。相传东汉初年隗嚣曾在此建避暑行宫。雕巢峪的佛教性质名称应当是公元 5 世纪左右佛教流行之后被赋予的。因此，"雕巢峪"之名总体上还是《法华经》流行的文化背景下的产物。

（二）天池坪

天池坪位于麦积山以东 2 千米处，其地理位置仍存在一定争议。因其主峰西北侧有一天然蓄水池，故得其名。雨季池内常有积水。冷水河发源于此山，向南流入嘉陵江，向北汇入渭水。此山气势磅礴，主峰海拔高达 2197 米，在阴雨天气时隐于云雾之中。❶ 天池坪的命名可能与北魏时期流行的"天池"传说相关。总体而言，天池坪的命名依据山体独特的自然环境与政权传统。

（三）香积山

香积山位于麦积山以南 2.5 千米处，海拔 1934 米，山顶有香积寺遗址，寺于清代圮。山中部有一玉香洞，又名文殊洞、百福洞，为一溶洞。洞前楷体"文殊洞"三字题刻似为明人所刻。❷ 根据目前掌握的文献资料，香积山最早可见于明代的文字记录。明胡缵宗有诗："南有香积寺，北有麦积山。仙人拾瑶草，白云相与还。"香积山很有可能得名于明代其上的香积寺。

"香积寺"是常见寺名，尤以作为中国佛教八宗之一净土宗祖庭的西安香积寺知名，可见"香积"与净土的紧密关联。实际上，此"香积"由《维摩诘经》中香积佛国而来，麦积山石窟中有不少与此有关的塑像、壁画，如第 4 窟左右有宋代的维摩诘和文殊菩萨的坐像。自宋代到清代，历代都有知名画家频繁描绘《维摩诘经》主题。由于《维摩诘经》中提倡在家居士一样可以修行获得智慧佛果，从南北朝到明清时期，《维摩诘经》一直是广被文人接受和喜爱的佛经之一。自唐代以来，"香积佛国"成为包括文人雅士在内的越来越多的佛教信众崇信的对象，如王维便有知名诗句《过香积寺》："不知香积寺，数里入云峰。古木无人径，深山何处钟。泉声咽危石，日色冷青松。薄暮空潭曲，安禅制毒龙。"随着佛教寺院的发展和佛教的世俗化，"香积"也成为厨房的代称，产生了"香积厨"等意象。

（四）豆积山

豆积山位于麦积山以西 2 千米处，"山呈棱锥形，高百余米，形状也类似于麦积山。其侧有一峰与之比邻，当地群众称为'油笼山'。豆积山寺及罗汉岩，岩寺距麦积仅隔涧溪，不及五里，林壑深秀，松杉尤胜，寺有巨钟，颇古，寺

---

❶ 张锦秀. 麦积山周边风景名胜概述［J］. 丝绸之路，2004（S2）：172-174.
❷ 同❶.

北得松径，小岭纡折，遥视丹崖突起，形类麦积。岩中有石像三尊，坐莲台上，未加彩绘，相传初造石窟，选胜于此，嗣改建麦积云，石刻古穆，境亦奇绝。"❶ 坐佛下有 40 余米长的崖壁廊道、大小窟龛和僧坊遗址，这里被称为"罗汉崖"。山岭向西 200 米处有二峰突起，一高一低，像僧人的僧帽、骏马的马鞍，因此被称为僧帽山、鞍子山。

据《秦州志》和麦积山石窟有关资料考证，宋时豆积山有胜果院，为麦积山瑞应寺七处下院之一。豆积山南坡高处曾遗存有佛道合一的明代寺院一座，乡人称为西应寺。农历三月二十为庙会期，每逢会，四方远近敬香者络绎不绝，钟磬之声悠扬，木鱼之声相闻，香烟缭绕，寺如云上仙台。清代时豆积山已有一定的知名度，被记录在《灰画集》中："麦积山在秦州东南，状如麦积，为秦地林泉之冠。又有豆积山在其中。"现豆积寺为 1990 年起麦积、草滩、红崖、卧虎四村群众募捐重建。

（五）仙人崖

仙人崖位于今天水市麦积区麦积镇后川村，与麦积山直线距离仅为 10 千米。清乾隆《直隶秦州新志》对仙人崖有如此评价："或云昔有仙人送灯之异，至今油迹犹存，其岩奇绝与麦积等。"其现存造像最早为北魏中晚期，疑与麦积山石窟为同一僧团或工匠团体开凿，但后期并未延续。至明代前暂未发现题记碑刻等文字信息，仅有少量北魏与宋代造像。学者们认为明清时期仙人崖石窟与麦积山石窟艺术风格有一定的相似性，填补了麦积山明清时期作品的空白，揭示了秦州一带佛教艺术与道教、儒教文化兼容并存的发展历程。❷

明初仙人崖石窟可能以藏传佛教为主，官方甚至皇帝本人对宗教特权进行肯定，敕赐寺名"灵应寺"，并划定寺产范围及内容。❸ 清代仙人崖已经变成佛道融合的宗教圣地，以道教为主，吸纳了佛教与民间信仰的部分。最迟从清代康熙三十九年（1700 年）起，道教在仙人崖东崖产生主要影响，且一直持续到

❶ 天水麦积山文物保管所. 麦积山石窟资料汇编（初集）［M］. 天水：麦积山艺术研究会，1980：85.
❷ 董玉祥. 仙人崖石窟（上）［J］. 敦煌研究，2003（6）：32－37，111－115.
❸ 现存明永乐十四年（1416 年）《大明敕赐灵应寺记》碑。

清道光年间修缮事宜而未中断。❶

（六）石门山

石门道观位于天水市城东南石门山，距离麦积山石窟 15 千米。清乾隆六十年（1795 年）《重修石门山记》碑对石门山的评价为："其山与郡东麦积山、仙人崖林立，壁列万仞，中通若门，月出东山之上，俨然骊珠之在仙掌，银镜悬于云台，蟾光桂影，灿然文明。"其作为陇东南重要的宗教道场，宫观建筑独具一格，造像题材内容丰富，造像风格朴实敦厚，与仙人崖石窟共同弥补了麦积山石窟明清造像与壁画较少的缺憾。❷ 明清时期西北的道教发展在民间祭祀中越来越民俗化，最终形成宫观道教。❸ 明代、清代石门道观的宗教活动均以道教为主。

明代以来随着秦州宗教文化的发展，仙人崖、石门山成为该地区各种教派活动与发展的中心，出现了大量佛道题材的殿宇，也融入了道、儒和民间神话传说的内容，成为多元化宗教汇聚的场所，反映了明清时期"三教合一"文化背景。清代文人通常对"三山"（麦积山、仙人崖、石门山）进行比较性评价，从"仙人送灯""石门月夜""麦积烟雨"题名景观纳入清代"秦州十景"之中可见秦州郡东山峰的宗教文化遗迹与其特殊的自然景观不断吸引秦州士绅与民众于闲暇节日出行游览、朝拜。

第三节　微观：麦积山石窟的文物构成

麦积山石窟是 5—13 世纪佛教沿丝绸之路在关中盆地西出口地带传播和发展中产生的典型佛教石窟寺，是一座佛教艺术宝库，以"东方雕塑陈列馆"❹的称号闻名于世。麦积山石窟文物构成丰富，包括文物环境、山崖洞窟遗迹

---

❶ 现存道光年间《仙人岩现珠山斋田并重修碑记》（1839 年）记载了附近民众捐地给住持道人的事件，碑阴记载了历代重修诸殿功德主及住持道人名号。

❷ 王军锋，杨富学. 天水石门山道观的调查与研究［J］. 宝鸡文理学院学报（社会科学版），2020，40（4）：50-56.

❸ 樊光春. 西北道教历史［M］. 北京：商务印书馆，2010：7-13.

❹ 由范文澜先生首次提出。

（洞窟、雕塑、壁画、题刻等）、寺院及其他建筑、可移动文物和非物质文化遗存等其他文物。

一、文物环境

文物与其环境是不可割裂的。《威尼斯宪章》提出的"古迹的保护包含着对一定规模环境的保护"与《中国文物古迹保护准则》提出的"保护文物环境"的概念均对文物本体之外的景观环境提出了保护要求。麦积山石窟相关的文物环境包括地质环境、地形地貌、气候、河流水系及动植物资源等方面（图1.4）。

图1.4　麦积山石窟周边整体环境

图片来源：《麦积山石窟管理规划（2012—2018）》

（一）地形地质

麦积山的地貌单元系属西秦岭构造剥蚀低山丘陵区，由红色砂砾岩构成，山体陡立，岩壁呈85°倒坡，海拔高度约为1742米，山体相对高度约为142米，呈现典型的丹霞地貌特征，具有较高的观赏价值。麦积山四周群山层层围绕、辐辏向心，周围山体有麦积山、豆积山、香积山、三扇崖、天池坪等。麦积山因借群山，居中一秀突出，更显奇特别致。

麦积山地处秦岭山脉西段北麓，由第三纪砂砾岩构成，岩体结构较疏松。基岩裸露，呈砖红色，夹有薄层砂岩及含泥砾岩，大体为水平层，胶结程度较差。加之麦积山石窟正处于我国南北地震带和东西地震带交会点，石窟在历次大地震中剥落、坍塌严重。地震及其他地质活动可直接引起崖面坍塌、栈道松动、窟龛失稳或塑像、壁画的破坏。

（二）环境气候

麦积山石窟处于多雨潮湿的山林地区，年降雨量充沛，昼夜温差大，季节温差大。环境气候是麦积山石窟遭受破坏的重要因素，这些气候条件容易使崖壁产生裂隙和风化。窟内的文物长期受风雨侵蚀，雨水直接冲刷暴露在外的塑像等遗存。在风化作用的影响下，可溶性盐类从遗存中析出，造成遗存表面模糊或剥落。潮湿环境对壁画和泥塑的危害很大。温度频繁变化对石窟遗存造成一定影响，岩石产生交替的膨胀和收缩，加速了石窟遗存的风化。此外，温度变化也会对栈道、建筑产生不利影响。

（三）河流水系

麦积山脚、石窟前后分别绕流有两条山涧细水，窟前是源于南侧香积山的上河沟，窟后是源于东南侧天池坪的后崖沟，两水汇于北侧，成为永川河，继续北流注入渭水。在丰水期，永川河内溪流潺潺，再加上丰富的植被，形成石窟周边优美的自然环境。

麦积山地区水系资源主要为地下水和地表水，包括后崖沟、洞沟、上河沟等，为附近村落提供工农业用水资源。但是周围居民生活用水、养殖业、工业及旅游业等对水资源也造成了一定的污染，影响当地生态环境，也会对文物本体状态产生影响。

（四）动植物资源

麦积山植物资源丰富，名树古木众多，动物种类丰富，生物多样性非常突出，一方面可以为麦积山地区的村落提供丰富的生活资源，但是另一方面，动植物及微生物的生长、生存活动也会对石窟及石窟内的塑像、壁画等文物的保存产生破坏作用。山顶植物根系、昆虫、鸟类、鼠类都会对石窟造成不同的危害。例如，动物在石窟内的活动使窟内的塑像、壁画出现风化、剥蚀及残孔，而残孔内的鸟、鼠、虫等的粪便对造像产生向外的挤压力，使壁画地仗脱落、空鼓等病害不断发展。壁画泥层与崖体之间缝隙内鸟鼠做窝对壁画造成破坏。

泥塑残破处有土蜂产卵、啄蚀现象。

二、 山崖洞窟遗迹

麦积山崖面现存窟龛共 221 个，全部开凿于东西长约 120 米的崖面上，崖面总开凿面积为 3000 余平方米。东、西崖面洞窟间以错落的栈道相连，传统说法是上下有 12 层。麦积山西崖长约 53 米，洞窟开凿于距地 0 ～ 37 米高的位置；东崖长约 63 米，洞窟开凿于距地 10 ～ 47 米高的位置。麦积山石窟山崖洞窟遗迹包括洞窟、雕塑、壁画、碑碣题记等。

（一）洞窟

麦积山石窟现存洞窟 221 个。其中，东西山崖共计 198 个洞窟，东崖 57 个（含后增补的 2 窟），西崖 141 个，洞窟编号为 1 ～ 196，后增 2 窟编号为 217、218；王子洞区 20 个洞窟，编号为 197 ～ 216；中区堆落区域 3 个洞窟，编号为 219 ～ 221（图 1.5、图 1.6）❶。

图 1.5　部分洞窟分布

图片来源：《麦积山石窟管理规划（2012—2018）》

❶ 敦煌研究院麦积山石窟艺术研究所. 麦积山石窟内容总录［M］. 北京：文物出版社，2023：书前插图页。

林泉积瑞

文化景观视野下的麦积山石窟价值阐释研究

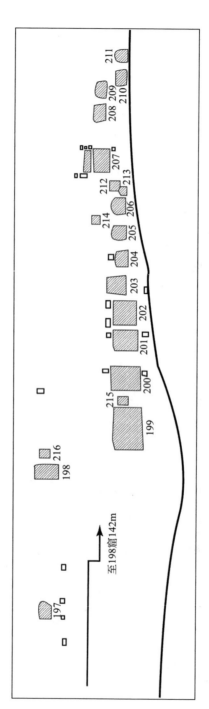

图1.6 王子洞窟区新编号洞窟分布示意图

麦积山石窟非常完整地保存了不同历史时期的洞窟遗迹，洞窟形制多样，不同时代的洞窟既有联系又有区别。石窟以中小型单室洞窟为主，窟龛形式以方形、平顶、前壁开门、两侧开龛的崖阁式最为多见。麦积山石窟的发展大致可分为以下几个阶段：

十六国之后至西秦是麦积山石窟的初创时期，现仅存 6 个洞窟，形制以平顶敞口大龛为主，内有"凹"字形高坛基，正壁左右有小龛。

北魏（386—534 年）是麦积山石窟的大发展期，流行方形窟、三壁两龛窟、三壁三龛窟，多为平顶。现存北魏洞窟 92 个，洞窟形制多样，既有平面方形平顶或圆拱顶的中小型窟龛，又有形制独特的大型窟龛和崖阁。第 001 号平顶型崖阁和第 028、030 号庑殿顶型崖阁雄浑古朴，颇具汉风，是早期古建筑不可多得的实物遗存。

西魏（535—556 年）大统元年（535 年）再修崖阁，开窟造像活动再掀高潮。西魏时期主要流行方形窟、横长方形窟、三壁三龛窟及崖阁式窟。西魏时期洞构成仿木式佛帐结构。现存西魏洞窟 15 个，其中包括"寂陵"，即第 043 号崖阁。

北周（557—581 年）崇佛之风大盛，麦积山石窟又一次出现了开窟造像的高潮，主要承袭了西魏的洞窟形制，新出现了三壁一龛窟和三壁七龛窟。现存北周洞窟 46 个，以四角攒尖为主要形制，包含上七佛阁（第 004 号崖阁）、千佛廊（第 003 号崖阁）和石斛梯（第 168 号崖阁）等崖阁。其中，第 4 窟的七间、单檐庑殿顶佛殿式窟檐及方锥顶方形佛帐窟体形式是现存最大的整体表现中国式佛殿形象的石窟。

隋唐时期（581—907 年），麦积山的开窟造像之风持续延续。现存隋代洞窟 12 个，洞窟形制产生较大变化，从平面方形、平顶转变为平面马蹄形、圆拱顶和穹窿形顶。三间四柱式的崖阁"牛儿堂"（第 005 号崖阁）也是隋代作品。唐代所开洞窟现无一例留存。

五代至清代开窟甚少，主要有第 36、90、43、133、165 等窟。

（二）雕塑

麦积山石窟雕塑造像时间早、延续时间长、数量多、保存完好，全面、完整地反映了北魏、西魏、北周到隋这一时期佛教雕塑发展的全过程。古代工匠根据麦积山岩石的特性，因地制宜地创作雕像，形成了珍贵的麦积山泥塑艺术。麦积山石窟造像在题材、内容、塑绘技艺、形象塑造上都丰富多样，并具有独创性。现存雕塑造像共计12 182身，按照类型可分为泥塑、石雕、石胎泥塑、木雕四类，以泥塑为主。麦积山雕塑造像遗存大致分为五个时期的作品：

北朝时期（5—6世纪）的泥塑佛教造像尤为著名，此时期的造像受到中原地区的雕塑艺术和南朝（5—6世纪中国南方汉人政权）审美情趣的直接影响，塑像题材、人物面容、体形和服饰具有明显的汉族化特征和世俗化的趋向。代表性遗存有第155、115、114、121、127、133窟的菩萨、弟子、力士、小沙弥等。

西魏时期现存雕塑50余身，多是造型完美、手法洗练、形神兼备的雕塑杰作和泥塑典范。第127、135窟为该时期的代表作，特点是造型优美、生动传神。

北周时期现存大小造像1270余身，造型质朴而圆润，注意细部刻划，衣饰薄纱透体，肌肉感强，显得真实而自然，具有鲜明的时代风格和地方特色。该时期的造像以第121窟为代表作，特点是造型敦厚、简练，形体饱满。

隋唐时期以第13、14窟为代表作，特点是造型简洁、概括、饱满、凝重。

两宋时期主要有第36、90、43、133、165窟等，雕塑造像面相长而丰润，身姿挺拔有力。

（三）壁画

麦积山石窟壁画均为佛教绘画，大都有鲜明的时代特征，题材主要包括佛传故事、经变图、特殊变相和供养人像四类。现存壁画共1065.2平方米，有的为原作，有的属后代重绘。受麦积山湿润多雨的环境影响，石窟壁画保存较少，但是题材丰富、构思精妙、技巧娴熟，自后秦、西秦起历代皆有，最为著名的集中在两个时期：

第一个时期是北魏时期，壁画约保存300多平方米，数量占现存总数的1/3左右，多为佳作。以第127窟和第135窟为代表的大型佛本生画和经变画，气势宏大壮观，内容丰富，形式活泼。第127窟著名的维摩诘经变、西方净土变、涅槃经变等都得以保存，这种源于中原地区、用图画解释佛经思想的壁画题材向西传播到河西走廊的敦煌地区，在敦煌石窟壁画中大放异彩，并在西域吐鲁番地区的柏孜克里克石窟、龟兹地区的库木吐喇石窟中 8 世纪以降的壁画中大量体现，充分反映了中原、河西、西域地区的佛教艺术在 5 世纪以后的中国化进程。❶

图 1.7　第 4 窟廊正壁龛上
"薄肉塑"浅浮雕壁画

第二个时期是北周至隋代，壁画约保存 140 多平方米，构图形式多变，造型准确生动，以第 4 窟檐廊外侧上方的"薄肉塑"浅浮雕壁画为代表（图 1.7）。它创造性地将浅浮雕和壁画艺术结合在一起，以浅浮塑形式表现壁画中飞天的面部、手、足等，泥层最大厚度不超过 5 毫米，一般在 2～3 毫米，衣裙、飘带、乐器、香花等则为绘制而成，使整幅壁画呈现出强烈的立体效果，是麦积山石窟壁画中的精品之作，在我国石窟中独树一帜。

（四）碑碣题记

麦积山现存碑碣共计 18 块，包括纪事碑、铭序碑、撰联碑、诗碑，除少量保存在石窟和瑞应寺内，其他大部分保管于文物库房。题记共计 222 篇，可分为两大类，即榜书题记和游人题记。现存榜书题记起于南燕，迄于清，分布于 17 个洞窟之中，多有漫漶不清之处；游人题记包括历代游人的墨书、刻石、刻划等，分布于 38 个洞窟之中。

三、　寺院及其他建筑

麦积山石窟的相关建筑是以瑞应寺、舍利塔等为主的宗教文化建筑、文化景观遗存，其中麦积山顶的瑞应寺佛塔和山下的瑞应寺是麦积山石窟重要的建筑遗存。

---

❶ 天水麦积山石窟艺术研究所. 中国石窟·天水麦积山［M］. 北京：文物出版社，1998：190-200.

瑞应寺坐西北朝东南，中轴对称，有三进院落，中轴线上从外至内依次为山门、天王殿、大雄宝殿。中轴线两侧分别为钟楼和鼓楼。寺院是和石窟同步发展的，十六国时期寺名为无忧寺，北朝时期名为石岩寺，隋代名为净念寺，北宋大观元年（1107 年）皇家敕赐为瑞应寺。瑞应寺现存主体建筑为明代重建、清代重修，占地面积约 2500 平方米，现存建筑面积共计 507.45 平方米。

舍利塔现矗立在麦积山顶，周围林木簇拥。该塔为八角五层密檐实心塔，通高 9 米，各面宽 1.75～1.85 米。其前身为隋文帝仁寿元年（601 年）敕建的佛舍利塔，北宋和清代都曾进行过重修，现存砖塔为清乾隆八年（1743 年）重建，1920 年海原地震中塔身震裂，1983 年加固修复。

此外，在麦积山石窟的窟龛中还保留着体现建筑形式的遗存。现存洞窟中有 9 座外部雕作建筑物的形式，为第 1、3、4、5、28、30、43、49、168 窟；有 8 座内部雕出建筑内部构件或室内帷帐的装饰，为第 3、4、15、26、27、43、127、141 窟；有 4 座在窟内的壁画上画有建筑物，为第 4、27、127、140 窟。麦积山石窟中保存有极丰富的北朝建筑史料，为古代建筑及石窟中国化等方面的研究提供了珍贵的资料。例如，第 4 窟为现存最大的北朝佛殿主题形象，模仿中国传统建筑形式，是麦积山石窟群中最宏伟、精丽的一座洞窟。

四、 其他文物

（一） 可移动文物

麦积山石窟艺术研究所现收藏有佛教造像、雕版、法器等各类藏品 800 多件，以及经卷、文书 1500 多册，其中包括数量众多、保存完好的各类北朝时期影塑佛、菩萨、飞天、供养人等造像，此外还有护戒牒雕版等僧人的出家凭据、出自东崖大佛面部的唐代《金刚光明经》写经等。

（二） 非物质文化遗存

2003 年 10 月 17 日，联合国教科文组织第 32 次会议正式通过《保护非物质文化遗产公约》；2004 年 9 月，我国成为此项国际性公约的缔约国。近年来，"非物质文化遗产"这一概念越来越多地进入人们的视野，成为文化景观保护的重要部分。麦积山石窟非物质文化遗存指与麦积山石窟开凿、修葺、鉴赏密切相关的知识与技艺、代际延续的信仰习俗及相关的文化空间。麦积山石窟的非物质文化遗存主要包括天水泥塑技艺、栈道修复技术、工匠传承人体制等。

天水泥塑是用黏土（无沙性、黏性强的泥土）制成人物或动物的形象，采用传统工艺打磨光滑、上底色后，再将颜料涂于塑像表面而成型的一种传统手工技艺。

麦积山石窟造像修复技艺是在研究、模仿古代造像工艺与材料的基础上，经过长期实践与经验积累并不断改进，适用于木骨泥胎、石胎泥塑、木胎泥塑、影塑造像的保护修复理念和方法的统称，包括造像加固理念与技术、局部复原理念与技术。

麦积山石窟文物本体构成见表1.1。

表1.1 麦积山石窟文物本体构成

文物构成	文物类型			遗存简况
文物本体	不可移动文物	赋存崖面	开窟崖面	西崖长约53米，洞窟开凿于距地0～37米高的位置；东崖长约63米，洞窟开凿于距地10～47米高的位置，崖面总开凿面积3000余平方米
		石窟遗存	洞窟	现存洞窟221个。其中，东西山崖共计198个洞窟，现存东崖57个（含后增补的2窟），西崖141个，洞窟编号为1～196，后增两窟编号为217、218；王子洞区20个洞窟编号为197～216；中区堆落区域3个洞窟，编号为219～221
		不可移动文物	石窟遗存	雕塑	各类雕塑总计12 182身
				壁画	共计1065.2平方米
				碑刻题记	碑碣共计18块，除少量保存在石窟和瑞应寺内，其他大部分保管于文物库房；题记共计222篇
			建筑遗存	舍利塔	八角形，各面宽1.75～1.85米
				瑞应寺	占地面积约2500平方米，建筑面积507.45平方米
	可移动文物			佛教造像、雕版、法器等各类藏品800多件，经卷、文书1500多册

第四节　小　结

想要完整地认识一个遗产地，需要从空间、时间及人地互动关系角度展开。本章旨在从多尺度的空间角度进行剖析，以获得对麦积山石窟由大到小、由广至狭的空间认识。麦积山石窟的选址和营造受到宏观的大地理交通条件、中观的区域地理因素、微观的文物环境三个层次的空间影响。

从宏观的地理交通路线来看，麦积山石窟处于十字形的路线中心，受到南北双重地域影响。麦积山石窟与天水关联紧密，东西向上与平城、洛阳、长安、凉州等北方都城交往密切。南北向的陇蜀古道上，天水通过祁山道、金牛道与蜀地相连，极具战略地位，因此在历史上此处总是多种政权下的重要城市。麦积山石窟正是位于这样的地理区位条件下的石窟。

从中观的周围山体来看，麦积山所处的自然环境为石窟的发展提供了环境基础。北朝时期，当地对麦积山和仙人崖都有过开凿利用。随着麦积山石窟崖面的开凿逐渐布满壁面，麦积山石窟周围的山体、崖壁也逐渐得到开发和利用。明清时期，以麦积山为中心，其文化影响范围拓展到了仙人崖、石门山区域，并形成了秦州东南文化圈。

从微观文物环境来看，文物系统由山体崖面窟龛、窟中雕塑壁画、山脚寺院建筑、非物质文化遗存等构成。中观环境的变化对文物的保存状况有比较直接的影响。

周孟圆◎绘

第二章

5—7世纪：

作为佛教圣迹的石窟开凿

十六国至南北朝时期，开始有高僧选址在麦积崖险峻的崖壁上营建石窟，使麦积山成为观像坐禅的绝佳场所。由于崖壁上石窟越来越多，层层叠叠的窟龛形成了绝壁奇观，麦积山也被誉为中国的佛影窟、灵鹫山。

西魏皇室将其视作瘗埋圣地；北周贵族为祭祀、供奉祖先，又在崖体高处开凿了华丽气派的散花楼。

佛教自东汉从西域传入汉土，发展至南北朝时期，已经十分兴旺繁盛。北方游牧民族建立起的政权多有崇佛敬佛的行为，带动了这一时期北方地区的石窟开凿活动，具体表现为龙门石窟、云冈石窟与麦积山石窟均始凿于此时。作为其中一座未处于都城的石窟，麦积山石窟的开凿背景如何？其开凿主体有着怎样的身份？其中涉及怎样的技术？本章将围绕以上问题展开讨论。

第一节 开窟的历史背景

关于麦积山的开窟年代，不同历史时期人们的认识与现代学术研究的认识有所不同。从以宋代文献为主的古代文献中可以总结出，古人认为麦积山石窟开凿于后秦时期。在现代学术研究中形成了关于分期断代的整体研究、对于最早开凿洞窟的讨论和对崖面空间发展的研究，其中对于最早开窟年代有两种主流观点：一种是依据古代文献形成的"后秦说"，另一种是依据现代考古学研究形成的"北魏说"。

一、古代文献中记载的开窟年代

1）北宋靖康元年（1126年）《秦州雄武军陇城县第六保瑞应寺再葬佛舍利记》碑刻。碑文曰："阿育王始初敕兴建，号无忧寺……昔西魏大统元年，再修崖阁，重兴寺宇。"

2）麦积山石窟千佛廊至上七佛阁云栈道旁崖壁石刻。时间为南宋绍兴二十七年（1157年）6月。文曰："麦积山胜迹，始建于姚秦，成于元魏，约七百余年。"

3）南宋嘉定十五年（1222年）立《四川置制使司给田公据》碑。碑文曰："自东晋起迹敕赐无忧寺，□□□给田供瞻。次七国重修，敕赐石岩寺。大隋敕赐净念寺。大唐敕应乾寺。圣朝大观元年……敕改赐瑞应寺。"

4）南宋祝穆《方舆胜览》曰："姚兴凿山而修，千龛万像，转崖为阁。"

5）北宋《太平广记·麦积山》引《玉堂闲话》：《古记》云，六国共修。

以上五条资料多被引用，以考证麦积山石窟的开凿年代为后秦。但这些资料多为宋以后所记，距实际开窟年代已有七八百年，且记载简略，难尽其详。

对于麦积山石窟最早开窟年代的学术讨论，基本可以分为三类，分别是历史分期断代研究、最早开窟年代研究及崖面空间发展研究。

二、 历史分期断代研究

有关麦积山石窟分期断代的问题，既有对整体石窟的讨论，也有专门对早期或者晚期石窟的讨论。

早期的研究以历史学断代为主。阎文儒依据1961年的调查将麦积山石窟分为八期，讨论了洞窟形制、造像和壁画的艺术特征和风格。董玉祥依据洞窟形制、造像内容和特点、历史文献及铭文等资料将麦积山石窟分为后秦、西秦、北魏、西魏、北周、隋、唐、宋八期，指出北魏、西魏、北周三代凿窟最多。李西民依据历史和艺术发展的变化将麦积山石窟的兴建分为后秦、北魏、西魏、北周、隋唐、宋元明六个营建高潮期。但以上几位学者的分期在论证时缺少考古类型学的分析。

魏文斌运用考古类型学的纵向排比，并与其他石窟进行横向比较，对麦积山的初期洞窟进行了详细的分期研究。他通过分析洞窟规模、造像体量、背光及造像特征的变化将初期的31个洞窟分为三期。达微佳也严格按照考古学方法将麦积山的北朝洞窟分作五期。李裕群则对麦积山北朝晚期洞窟做了分期，他将麦积山北朝晚期的洞窟分为西魏大统元年至大统末年（535—551年）和西魏大统末年至北周末年（551—581年）两个时期。他还通过考证东崖崩塌为隋开皇二十年（600年）地震所致，分析得出利用崩塌后崖面开凿的洞窟应该是隋仁寿元年（601年）麦积山"再修龛窟"后所建，从而校正了一批曾被认为是北周开凿实际为隋代开凿的洞窟，确定了隋开皇二十年地震以后开凿的部分隋代洞窟，即第32、35、28、30、12、11、9、7窟。八木春生在《天水麦积山石窟编年论》中将麦积山北朝至隋代的洞窟分作北魏前期、北魏中期、北魏后期、西魏前期、西魏后期、北周前期、北周后期、隋代前期、隋代后期共九期，并详细讨论了各时期影响麦积山石窟造像的不

同因素及麦积山石窟的地域特征。❶

除了历史学和考古学方法外，还有依据造像风格的分期研究。陈悦新也将麦积山北朝洞窟分为五期，但是她将考古类型学排比的造像特点、题材内容和窟龛形制这三项依据进一步细化、明确，造像特点关注主尊佛衣和胁侍菩萨衣饰，题材内容考虑造像组合及壁面配置之间的关系，窟龛形制侧重洞窟内外仿帐、仿木构的雕饰等。

三、 最早开窟年代研究

麦积山石窟缺少明确的纪年题记，所以对于最早开窟年代存在争议。学界主要有"后秦说"和"北魏说"两种主流观点。支持"后秦说"的学者主要通过考证传世文献中对开窟年代的记载而判定，而支持"北魏说"的学者则主要从洞窟形制、造像风格来判断。

（一）"后秦说"

东晋穆帝永和六年（350 年），前秦据有秦州。永和九年，前凉据有秦州。永和十年，秦州复归前秦。东晋武帝太元十一年（386 年），后秦据有秦州。太元十五年（390 年），仇池攻占秦州天水、略阳两郡。太元二十一年（396 年），后秦复有秦州。安帝义熙十四年（418 年）后，西秦、夏先后据有秦州。东晋十六国时期，今天水辖区战乱频繁，但行政设置沿袭前朝，属州辖县无大变动。

支持"后秦说"的学者多从文献和题记中经行考证。张学荣就麦积山石窟创凿年代进行了详尽的文献资料考证，认为最早开凿当始于十六国后秦，"六国共修"和"七国重修"的时间均在400—410 年。除了确定现编第74、78、70、73、68、51、165、90 窟为早期窟龛外，还特别考定第57 窟应为当时最初开凿的洞窟之一，其余诸窟则以它为始向周围发展。他还判断第78 窟仇池镇供养人题记壁画下还压有一层壁画。因为第74、78、80、100、128、148 等洞窟窟内的木制佛座上有火烧痕迹，故推测这些窟因为北魏太武帝灭法（北魏太延四年，

---

❶ 八木春生. 天水麦积山石窟编年论 [J]. 李梅，译. 石窟寺研究，2011（1）：111－137，13，363.

即 438 年）而遭过焚烧。仇池镇供养人像和题记是覆盖在这些痕迹之上的，故而不是开窟时期的壁画，进一步推测第 74、78 窟开窟年代是在置仇池镇的北魏太平真君七年（446 年）之前。

金维诺也通过洞窟题记判断最早开窟年代为后秦，释读出第 76 窟墨书题记为"南燕主安都侯□□□姬□□□后□造……"，并且考证"南燕主"为慕容超，"安都侯"则是慕容超向后秦姚兴妥协接受的封号，"姬"应是流落在后秦的慕容超之妻呼延氏。所以，他认为这则造像题记只能在后秦与南燕谈判成功，姚兴放归慕容超母亲和妻子的 406 —407 年以前，进而判断第 76 窟建于后秦弘始九年（407 年）。但是此种释读有推测成分，且从塑像风格来看第 76 窟不应该早于公认的第 74、78 窟等早期洞窟。

温玉成分析了南北朝著名文学家庾信于 563 年所作《秦州天水郡麦积崖佛龛铭并序》中关于麦积山最早开凿背景的描写，认为麦积山最早开窟者是文中明确提到的僧人度杯（或作杯度）。他结合南朝梁僧人慧皎的《高僧传》卷十和《晋书·鸠摩罗什传》中记载的杯度与鸠摩罗什有过会晤，后秦主姚兴营造石窟的记载，以及金维诺对第 76 窟开窟年代的判断，推测麦积山最早开窟即杯度开窟的时间应当在 402 —405 年（后秦姚兴弘治年间）。

（二）"北魏说"

北魏太武帝太延二年（436 年），北魏据有秦州。太平真君七年，分天水置汉阳郡（今甘肃省礼县）。太平真君八年，调整行政区域，天水郡属秦州。文成帝和平五年（464 年），分略阳郡置清水郡，辖清水、伯阳二县。秦州、天水郡治上封（北魏时因避道武帝拓跋珪讳改上邽为上封）。直到孝武帝永熙三年（534 年），北魏分裂，秦州归属西魏。

支持"北魏说"的学者多从考古学研究的角度进行分析。张宝玺与支持"后秦说"的张学荣曾经就最早开窟年代进行过"论战"，张宝玺提出"六国共修"和"七国重修"的"国"是"郡国"，是秦州和邻近州郡参加了建窟活动。他从仇池镇的设置年代、上邽镇及武兴镇的史料谈麦积山石窟历史。他对《四川制置使司给田公据碑》中所言"次七国重修，敕石岩寺"的分析认为，石岩寺为北魏寺名。他也对第 78 窟仇池镇供养人壁画下还压有一层壁画等现象表示怀疑。董广强从麦积山石窟常见的烘烤工艺分析第78窟并没有遭受火焚，也不存在重修问题。

除张宝玺之外，支持"北魏说"的还有邓健吾、马世长、八木春生、魏文斌等学者。魏文斌综合前人的研究及考古学分型分式首先确定了最早开窟的窟群，然后将这些洞窟与"标准器"洞窟比较。如是后秦，应与炳灵寺西秦造像相对照；如是北魏文成复法后，则应与云冈石窟相比对。麦积山第74、78、51窟等洞窟三面都开设高坛基，坛基上佛像高大，窟内仅留较小的空间供人礼拜；窟顶是穹窿顶，造像以三世佛为主，佛像的众多细节特征与昙曜五窟相似。因此可以判断，窟内造像题材、造像特征及空间位置应该是学习了昙曜五窟。而炳灵寺西秦造像与壁画题材多为反映大乘思想的阿弥陀佛、无量寿佛、释迦多宝并坐说法、维摩诘经变等内容，不见于麦积山的最早洞窟。这种考古学的横向比较突破了文献记载的局限，得出最早开窟年代为北魏的结论较为合理。

四、 崖面空间发展研究

最早意识到崖面空间发展对洞窟年代判断具有重要影响的是学者初师宾。他的《石窟外貌与石窟研究之关系——以麦积山石窟为例谈石窟寺艺术断代的一种辅助方法》一文极为重要。他在文中提出了"石窟外貌"的概念和"崖面使用"研究方法，认为研究者应将视线拉远，不只局限于单独的洞窟，而是从整个崖面的洞窟布局和使用情况出发，观察洞窟的位置和组合，理解古人如何根据自然条件和社会习俗等因素在山崖上选择特定位置修造石窟。人们利用崖面开窟的历史次序会显示在窟龛的布局上。石窟开凿的次序可由洞窟在崖面上的并列空间位置所揭示。通过分析石窟在空间上的相互关系，研究者能够获得有关单独窟龛的建造时代和整个石窟群历史发展过程的重要证据。

始于麦积山石窟研究的"崖面使用"方法也影响了其他石窟的学术研究。马德就将其应用到观察敦煌石窟的历史发展中，他在1996年出版的《敦煌莫高窟史研究》一书的"研究方法"章节中强调，要观察洞窟的位置和组合，理解古人选定特殊位置建造石窟的历史背景，运用"崖面使用"方法解构静态的石窟。

第二节　开窟供养主体分析

麦积山石窟北朝时期参与开窟的群体可以大致分为僧人、工匠和供养人。凭借北朝时期史料及僧传的记载，我们能够大致推断此时僧人与供养人的开窟目的、相对年代及群体结构。供养人又可分为仇池政权（约 5 世纪）、西魏（535—556 年）等保留题记的具体人群。由于工匠虽然参与开窟，但罕有史料文字流传，故本节主要围绕僧人和供养人展开分析。

一、　僧人与麦积山石窟的开凿

后秦时期僧人对麦积山石窟开凿的具体行为并无切实文献记载，目前仅存的几条供养题记也与僧人无关。参考僧传，可以了解后秦这一时期麦积山作为禅修之地的传统。其中，最为知名的高僧有杯度、玄高、昙弘等。

（一）高僧杯度

杯度（？—426 年，又作度杯）是最早在麦积山造佛龛的高僧，东晋曾活动于建康一带，在后秦弘始年间（399—416 年）前往长安、秦州等地，刘宋元嘉三年（426 年）前往金陵（今南京）。庾信曾于 563 年为秦州大都督李充信作《秦州天水郡麦积崖佛龛铭并序》，记载杯度开凿麦积山的传说故事："是以飞锡遥来，度杯远至，疏山凿洞，郁为净土。拜灯王于石室，乃假驭风；礼花首于山龛，方资控鹤。"❶

根据南朝梁僧人慧皎《高僧传》（519 年）记载，杯度可能是冀州人，不修细行，神力卓越。自冀州南下时，曾在黄河北岸寄住一居士家中，临行前窃走主人家金质佛像一尊，主人追赶至孟津北岸时，杯度已"浮木杯于水，之渡河，无假风棹，轻疾如飞，俄尔度岸"。❷ 因此其得名"杯度"，真实法号并未留下。从时间上来看，杯度"年四十许"到达建康（今南京），他在渡河之后可能先

---

❶ 张锦秀. 麦积山石窟志［M］. 兰州：甘肃人民出版社，2002：177.
❷ 释慧皎. 高僧传［M］. 汤用彤，校注. 北京：中华书局，1992：379.

到达洛阳，再西上长安、秦州。

《晋书·鸠摩罗什传》（648 年）中则提到，在罗什病危之际（413 年），"杯度比丘在彭城（今徐州），闻罗什在长安，乃叹曰：'吾与此子配别三百余年。相见杳然未期，迟有遇于来生耳！'"这段文字表明，二人曾会晤于长安，关系密切，而杯度很可能年长于罗什，故而称呼他为"此子"。罗什于 401 年抵达长安，因此杯度正是在 402—410 年前后与罗什相会，有可能在这一时期于麦积山造像修龛。

杯度造像的地点已不可考，但应在很高、很危险的位置，对应庾信文中"乃假驭风""方资控鹤"的描述。造像的内容为"灯王"及"花首"，应为佛与菩萨的形象。造像的风格则表现出"冀州余俗，河西旧风"，"冀州余俗"是杯度从家乡带来的风格，即以佛图澄（232—348 年）为代表的后赵佛教美术风格，而"河西旧风"应该指长安、秦州的本地风格。❶

根据金维诺的考证，南燕王慕容超之妻呼延氏在麦积山开窟造像的时间在 406—407 年。❷ 而庾信又将杯度开窟列为最早，故而杯度造像应当在后秦姚兴的弘始四年至七年（402—405 年）。

因此，高僧杯度可能于 402—405 年在麦积山开窟造像，但由于并未发现确切的实物，仅有文献依据，故而不能确定其为麦积山最早开窟者。

（二）高僧释玄高

玄高（402—444 年）是北朝时期的高僧，他曾到达后秦、西秦、北凉、北魏统治的领土，并积极传法弘教。据《高僧传》记载，玄高曾"杖策西秦，隐居麦积山"，而当时麦积山已有"山学百余人，崇其义训，禀其禅道"，佛事盛况空前，并有早已在此隐居的长安沙门释昙弘"与高相会，以同业友善"❸，共兴禅学。根据玄高生平与麦积山石窟的关系，可以推测麦积山石窟开凿的大致年代。

---

❶ 温玉成. 中国早期石窟寺研究的几点思考 [J]. 敦煌研究, 2000 (2)：52-57.

❷ 金维诺. 麦积山石窟的创建及其艺术成就 [M] //天水麦积山石窟艺术研究所. 中国石窟·天水麦积山. 北京：文物出版社, 1987：167-168.

❸ 释慧皎. 高僧传 [M]. 汤用彤, 校注. 北京：中华书局, 1992：409-410.

文化景观视野下的麦积山石窟价值阐释研究

释玄高本姓魏名灵育，冯翊万年（今陕西省西安市临潼区）人。后秦弘始三年（401年），其母"梦见梵僧散华满室，觉便怀胎"，翌年生玄高。玄高12岁时出家，15岁时"已为山僧说法，受戒以后，专精禅律"。因"闻关中有浮驮跋陀（觉贤）禅师在石羊寺弘法"，便"往师之"，因"旬日之中，妙通禅法，跋陀叹曰善哉，佛子！乃能深悟如此，于是卑颜推逊，不肯受师礼"。而后玄高"杖策西秦，隐居麦积山"。但这段记载有令人疑惑之处，年纪尚轻的小和尚玄高何以得到浮驮跋陀（也称佛驮跋陀罗）禅师的尊重，又何以"隐居麦积山"？

据考证，浮驮跋陀曾听闻龟兹高僧鸠摩罗什从凉州至长安，于是"即往从之，什大欣悦，共论法相，振发玄微，多所悟益"。但二人所崇法旨实有分歧：首先，鸠摩罗什所译佛经大小乘禅法兼而有之，而浮驮跋陀重小乘佛教；其次，鸠摩罗什不重禅修，浮驮跋陀则是以禅律驰名的大师。因此，浮驮跋陀引起了罗什门下的不满，遭到排挤，弘始十六年（414年）初被摈离开长安。❶ 当时玄高年约十三，与《高僧传》中15岁"为山僧说法"的记载不符。因此，有可能玄高师从浮驮跋陀在前，"为山僧说法"在后。玄高于关中求学之时，正值浮驮跋陀受排挤之际，浮驮跋陀自顾不暇，只能婉转将玄高拒之门外，玄高在浮驮跋陀被摈后也或多或少受到影响，不久便离开长安，前往麦积山。

麦积山归于后秦辖下期间，其境内禅学经典的翻译与流行为禅观修行提供了基础和依据，麦积山石窟即在此种氛围中开始营建。石窟寺的开凿与禅修有密切的关系，麦积山石窟创建之初即为佛教禅观圣地，早期洞窟无论是洞窟规模、壁面的布局还是残存的图像及造像的配置和内容，都是修禅的必要条件，表现了强烈的禅观思想。玄高本为禅僧，从长安到达麦积山后，在禅学上实现了从义理到实践的转变。

后秦被灭（417年）后，天水一带为西秦（385—431年）所据。西秦国祚虽短，但统治期间吸收汉地儒家文化，推崇佛教信仰，对甘肃境内石窟寺的开

---

❶ 徐文明. 玄高从学佛驮跋陀罗的一桩公案 [J]. 中国哲学史，2001（3）：107.

凿产生了影响。❶ 炳灵寺第169窟中第6龛有西秦第三任国君乞伏炽磐建宏元年（420年）的纪年，并有"□国大禅师昙摩毗"等供养人题记，"昙摩毗"即昙无毗❷，玄高曾从其学法。

根据上述内容，可以基本确定玄高离开长安入麦积山当在414年之后，去西秦首府枹罕从昙无毗受法应在后秦被灭的417年，至迟于428年离开西秦，进游凉州（今甘肃省武威市），于北凉都姑臧时期（412—439年）传法弘教。直到北魏太延五年（439年），北凉被灭，玄高作为陇上名僧，受北魏太武帝之舅阳平王杜超之请，由凉州入平城。❸

关于玄高到达和离开麦积山的时间，学界还有争议。冯国瑞认为玄高于424—426年到达麦积山，离开麦积山是在427—440年。❹ 张学荣等则认为玄高于417年10月后到达，离开麦积山则在419年12月以前。❺ 根据邓健吾的考证，玄高到达麦积山应在417年秦灭亡以后，离开麦积山为422年左右。❻

有关玄高是否开窟还存在诸多争议，无论在麦积山、炳灵寺还是凉州石窟，《高僧传》均只字未提玄高开窟造像之事，只能根据他的生平确认，至少在他到达麦积山之前的后秦统治时期，麦积山石窟就已经开窟造像，并吸引了大量信徒前来禅修。

二、 地方政权供养人与早期洞窟开凿的关系

麦积山洞窟第76、78窟的题记揭示了地方政权供养人在开窟造像中发挥的作用。北魏及北魏以前麦积山洞窟开凿的繁盛与这一人群的供养出资息息相关。

（一）第76窟题记

第76窟为1米见方的小窟，除主尊佛像与左、右壁二菩萨外，壁上部有小

---

❶ 杜斗城. 炳灵寺石窟与西秦佛教 [J]. 敦煌学辑刊，1985（2）：84-90.
❷ 董玉祥. 炳灵寺石窟的分期 [C] //郑炳林，石劲松. 永靖炳灵寺石窟研究文集（上册）. 兰州：甘肃文化出版社，2011：258.
❸ 高海燕. 释玄高之游历、修禅及与北魏初期政治的关系 [J]. 河西学院学报，2014，30（6）：27-34.
❹ 冯国瑞. 麦积山石窟大事年表 [J]. 文物参考资料，1954（2）：50-56.
❺ 张学荣，何静珍. 麦积山石窟创凿年代考 [J]. 天水师专学报，1988（1）：65-73，81.
❻ 邓健吾. 麦积山石窟的研究及早期石窟的两三个问题 [M] //天水麦积山石窟艺术研究所. 中国石窟·天水麦积山. 北京：文物出版社，1987：219-229.

龛一周，内皆为坐佛。壁下部尚有影塑供养人数身。窟顶之壁画飞天尤翠丽如新。在主尊方形佛座前面有铭记❶，表层只有墨线长条空格，已不见字迹（或是重修时尚未来得及题铭）。在中央剥蚀部分露出底层铭记两行：

"南燕主安都侯□□□

姬□□□后□造……"❷

目前关于这则题记的历史背景有两种不同的说法。以金维诺为代表的学者认为，弘始九年（407 年），"南燕主"慕容超遣使迎母妻归，第 76 窟可能是其妻呼延氏在行将东归之际命人开龛还愿而修造的。❸ 刘建华在《义县万佛堂石窟》一书中讨论南燕佛教❹，以及温玉成在研究中国早期石窟寺时❺，都沿用了金维诺的观点，这种论断几乎成为定论。

郑炳林、花平宁则认为第 76 窟题记与仇池政权有密切的关联。他们反驳了上文说法中的几种理由，认为"燕"字识读有误，进而从文献资料、考古定年两个角度提出第 76 窟为前仇池国杨俊当权时期（356 — 360 年）开凿。❻ 因杨俊当权次年（357 年），符双据上邽叛前秦，即麦积山所在地区暂时脱离前秦的管辖。此时仇池很可能与符双有所联系，进而前往麦积山开凿石窟。

两种说法的年代相差较远，尚有存疑之处，因此对于第 76 窟开窟年代还有待进一步研究。

（二）第 78 窟与仇池供养人

第 78 窟西面佛座高坛基前有 18 身男性供养人像壁画，身着典型的氏族服饰。其中，左侧上列第一身男像墨书榜题可释读为"仇池镇□（经）生王□□

---

❶ 金维诺. 麦积山石窟的创建及其艺术成就［M］//天水麦积山石窟艺术研究所. 中国石窟·天水麦积山. 北京：文物出版社，1987：167 - 168.

❷ 张锦秀. 麦积山石窟志［M］. 兰州：甘肃人民出版社，2002：137. 本书中的方框为原有字已漫漶不清，无法准确识读，因此用方框代替，下同。本书中所有题记均为《麦积山石窟志》中的原文。

❸ 同❶.

❹ 刘建华. 义县万佛堂石窟［M］. 北京：科学出版社，2001：127 - 128.

❺ 温玉成. 中国早期石窟寺研究的几点思考［J］. 敦煌研究，2000（2）：52 - 57.

❻ 郑炳林，花平宁. 麦积山石窟第 76 窟建窟时代考［C］//兰州大学敦煌学研究所，麦积山石窟艺术研究所. 麦积山石窟艺术文化论文集（上）——2002 年麦积山石窟艺术与丝绸之路佛教文化国际学术研讨会论文集. 兰州：兰州大学出版社，2002：49 - 64.

供养十方诸佛时清信士……"，下列第三身男像榜书为"仇池镇杨□□□养□□□□□"。❶

"仇池镇"为窟中造像提供了十分重要的断代依据，表明第78窟营造时间不超过北魏仇池镇设立的时间（446—488年）。李西民先生认为此"仇池镇"为"仇池王杨盛分四山氐羌为二十部护军为镇戍"时的仇池镇❷，但此前经郑炳林先生考证，仇池杨盛的二十部护军镇中并无仇池镇，仇池中心地区的护军镇名为骆谷镇❸，故而此处"仇池镇"是北魏平定仇池地区后建立的仇池镇。《魏书·卷一六〇·地形志》"南秦州"条下载"真君七年置仇池镇，太和十二年为梁州"，即北魏仇池镇设立时间为446—488年。

此外需注意的是，这一时期还发生了著名的太武灭佛事件。《魏书·卷四·世祖纪》载太平真君五年（444年）诏书中说到"沙门之徒，假西戎虚诞，生致妖孽"，又载太平真君七年（446年）三月"诏诸州坑沙门，毁诸佛像"。此次灭佛行动一直持续至文成帝兴安元年（452年）"初复佛法"（《魏书·卷五·高宗纪》）。显然，在北魏灭佛期间，其辖下的仇池镇内也不会出现造像活动。故而从榜题角度结合史实分析，第78窟的造像时间应当在452—488年，即北魏仇池镇设立期间且文成复法之后。

第78窟的营建者应当为仇池地区的民众。杨氏为仇池地区诸政权统治者的姓氏，题记中"仇池镇杨某"极有可能是仇池国杨氏的族裔。尽管第78窟造像营建时仇池地区已处于北魏政权的统治之下，但该窟造像应当仍然是由仇池地区民众所为，而非北魏一方。另外，据张宝玺先生分析，第78窟目前所见供养人有18身，完整的时候当有七八十身。如此多人共同集资兴建一窟，也能够说明此时的佛教已相当民众化。❹

---

❶ 张锦秀. 麦积山石窟志［M］. 兰州：甘肃人民出版社，2002：138.
❷ 李西民. 麦积山十六国时期的佛教造像［C］//兰州大学敦煌学研究所，麦积山石窟艺术研究所. 麦积山石窟艺术文化论文集（上）——2002年麦积山石窟艺术与丝绸之路佛教文化国际学术研讨会论文集. 兰州：兰州大学出版社，2002：201.
❸ 郑炳林. 仇池国二十部护军镇考［J］. 西北民族研究，1991（2）：210-211.
❹ 张宝玺. 从"六国共修"看麦积山石窟的历史［J］. 敦煌研究，1995（4）：161.

三、 西魏时期皇室供养人的开窟行为

西魏（535—556 年）占据麦积山 20 年，麦积山成为这个分裂、动荡的政权修行、祭拜、瘗埋之所。北宋《瑞应寺再葬佛舍利记》（1126 年）中有"昔西魏大统元年再修崖阁，重兴寺宇"❶ 的记载，在此之后乙弗氏入葬麦积山更是对未来的开凿产生了深远的影响。

根据《北史》中的记载，西魏大统四年（538 年），面对边境的军事压力，文帝选择废黜乙弗氏，改立柔然公主为后，并命令乙弗氏"逊居别宫，出家为尼"。为避免柔然公主猜忌，文帝又让乙弗氏迁居秦州，即古代麦积山所在地。在柔然大军压境之时，文帝又被迫下令赐死乙弗氏。❷

（一） 西魏第 43 窟与第 127 窟

目前，学界普遍认为与乙弗氏入葬有关的洞窟为第 43 窟和第 127 窟。第 43 窟位于东崖偏下层，为乙弗氏瘗窟。根据《北史》和《资治通鉴》的记载，第 43 窟又称寂陵，正因其远离西壁上方，较为僻静，在乙弗氏死后开凿，在当时看来适合安葬。第 127 窟位于西崖顶部，为乙弗氏功德窟，由她的长子元钦登基称帝（551 年）后和其次子武都王元戊主持开凿，用以纪念亡母。该窟在空间上与西壁三佛接近，周围开窟众多，应当是生人礼拜之所。

麦积山石窟第 43 窟为麦积山现存最早的崖阁式洞窟。该窟由三部分组成，即建筑形制的外檐、平面圆形穹窿顶的中室和长方形覆斗顶仿帐形结构的后室。傅熹年关注到了麦积山石窟中只有此窟有可封闭的后室，且其内部形制适于用作墓室，结合史料记载，认为可能为乙弗氏墓。❸

董广强、魏文斌在此基础上从建筑、墓葬、丧礼等新的视角提出该窟存在对地面墓葬建筑的直接模仿，将墓园松柏、守卫门吏、守孝庐室和以帐覆棺的

❶ 张锦秀. 麦积山石窟志 ［M］. 兰州：甘肃人民出版社，2002：168.
❷ 李延寿. 北史 ［M］. 北京：中华书局，2012：506－507.
❸ 傅熹年. 麦积山石窟所见古建筑 ［M］// 天水麦积山石窟艺术研究所. 中国石窟·天水麦积山. 北京：文物出版社，1987：203－204.

葬俗融入墓葬空间。❶

麦积山石窟第127窟位于西崖最高点，整体形制为长方形覆斗顶仿帐形结构。窟内正壁绘《涅槃变》，龛内主尊为释迦佛；左壁绘《维摩诘变》，龛内主尊为弥勒佛；右壁绘《西方净土变》，龛内主尊为阿弥陀佛；前壁为《七佛说法图》和《地狱变》；顶部绘制萨埵太子本生、睒子本生图像和《帝释天巡视图》。上述图像组合表现了涅槃、西方净土、七佛、善恶轮回、慈悲、牺牲、孝道等主题，营造了一个可以让乙弗氏"得道成佛"的墓葬空间。❷

金维诺结合开凿年代与前壁壁画中落发女尼的形象，最先指出第127窟应为武都王元戊为乙弗氏建造的功德窟❸，但这一发现还缺少严谨、系统的论证。孙晓峰在其博士论文中全面论述了第127窟的开凿背景、整体形制、造像壁画等，确定这座洞窟就是乙弗氏后人为她开凿的功德窟。他也关注到了北魏晚期与西魏时期佛教的整体发展，并提出了仿帷帐式的窟型和北朝葬俗的关联。❹

（二）对乙弗氏入葬身份的讨论

乙弗氏究竟以何种身份下葬麦积山？针对这一问题，可以综合西魏政治军事背景、洞窟的形制、内部图像和礼制进行分析。

历史方面，乙弗氏是西魏政权讨好柔然的政治牺牲品。如前文所述，文帝因边境军事压力赐死乙弗氏，在选择乙弗氏墓葬时也势必要进行多重考量，既需要为其子武都王元戊设置守孝的场所，又需要在不激怒柔然的前提下低调下葬，而麦积山第43窟就是一个合适的位置。元戊在见证了母亲的牺牲后，又与兄长元钦共同修建了第127窟作为功德窟。

空间方面，第43窟后室和第127窟整体都采用了长方形覆斗顶仿帐形结构，也称盝顶，这种形制并不见于此前及此后麦积山石窟诸窟龛中，而多见于传统墓葬中。在中原地区和河西走廊地区的墓室中都可以找到运用覆斗顶的例

❶ 董广强，魏文斌. 陵墓与佛窟——麦积山第43窟洞窟形制若干问题研究［J］. 敦煌学辑刊，2014（2）：60-75.
❷ 张铭. 墓窟结合，善恶有报——麦积山石窟第127窟净土世界的空间营造［J］. 中国美术研究，2021（4）：44-49.
❸ 金维诺. 麦积山石窟的创建及其艺术成就［M］//天水麦积山石窟艺术研究所. 中国石窟·天水麦积山. 北京：文物出版社，1987：165-180.
❹ 孙晓峰. 麦积山石窟第127窟研究［D］. 兰州：兰州大学，2014.

子。在酒泉丁家闸十六国壁画墓中就使用了覆斗顶的形制，并突破了传统小砖画画幅的限制，于墓室满壁施画。该墓方形藻井内绘饰莲花，四披则分绘东王公、西王母、三足乌、九尾狐等具有强烈仙幻色彩的神话题材，四壁绘墓主燕居行乐、庄园生产生活等场景。❶覆斗顶形制的运用扩大了墓室的空间，也为墓内壁画的布置和绘制提供了便利。

覆斗顶除了被广泛运用在墓葬建筑中，也对石窟内部形制产生了影响，如莫高窟西魏时期的第249、285窟都采用了覆斗顶，尤其是开凿于西魏大统元年的第285窟，采用了与第127窟一致的盝顶。第127窟在开凿时很可能受墓葬建筑与其他石窟形制的影响，最终选择了长方形覆斗顶形制。

第43窟的外部建筑和后室与方山永固陵存在相似之处，进一步表明了乙弗氏的皇后身份。第43窟外部为三间四柱的仿木式殿堂建筑，这与《水经注》中记载的永固石室"檐前四柱采洛阳之八风谷黑石为之，雕镂隐起，以金银间云矩，有若锦焉"的结构一致❷，并且永固石室的位置也是在墓葬的前方，即在布局位置、基本规模甚至材质方面都和第43窟外部建筑表现出了相近之处。此外，第43窟的后室中轴线与前廊、中堂的中轴线不一致，偏向西侧，是常见的"刀把墓"，这在北朝时期的墓葬中比较常见，且永固陵的墓室也是偏居于西侧的。❸

由于北魏和西魏时期的陵墓发掘还不够充分，可以用于对比的案例较少，但已经有研究表明，西魏时期的陵寝制度存在着对北魏的继承❹，而第43窟与其他北朝高级墓葬的相似性也有待进一步的考古材料论证。

题材方面，第127窟在顶部空间创新绘制了萨埵太子本生和睒子本生图像的对应组合。特别需要注意的是，萨埵太子本生和睒子本生图像的对应组合在敦煌北魏时期绘制于中心柱窟的前室或左右两壁，主要为人们礼拜佛陀

---

❶ 戴春阳. 敦煌石窟覆斗顶的考古学观察（下）——覆斗顶渊源管窥 [J]. 敦煌研究，2013（4）：12-24，127-128.
❷ 张庆捷. 北魏永固陵的考察与探讨 [M] // 张庆捷. 民族汇聚与文明互动——北朝社会的考古学观察. 北京：商务印书馆，2010：265-267.
❸ 董广强，魏文斌. 陵墓与佛窟——麦积山第43窟洞窟形制若干问题研究 [J]. 敦煌学辑刊，2014（2）：73.
❹ 付龙腾. 略论北朝陵寝制度的发展阶段 [J]. 考古与文物，2021（1）：113-121.

生前修行的经历提供观看画面。到了西魏时期的麦积山石窟中，则绘制于覆斗顶的四披，用以凸显乙弗后的"舍身"精神，并表达对母亲深切的孝亲与怀念之情❶。

高海燕在全面考察了窟内萨埵太子本生和睒子本生图像的对应组合后，指出了第127窟图像排布的内涵。通过《涅槃变》《维摩诘变》和《西方净土变》的组合，强调涅槃是一种超脱生死的境界，往生后就能前往最美好的佛国净土，而达到了这种境界的例子正是施舍肉身的萨埵太子和身死命终也无恨无怨的睒子。此二人的故事表明，在通往涅槃和净土之路上，必须具备奉献、牺牲的精神，且故事中还融入了中国传统儒家文化所倡导的忠君孝亲的思想。当信众将要离开时，又用《地狱变》告诫修行者要行善积德。此外，本生、涅槃和七佛图像的组合强调佛境延续不绝、永不灭度。❷

礼制方面，在北朝僧人葬俗中，一般以林葬和火葬为主，其中火葬最为普遍，即便是皇室的出家女性，死后也要以尼礼下葬。但是出家为尼的乙弗氏在去世时并没有遵循尼礼❸，这说明乙弗氏很可能是以皇后身份在此下葬的。乙弗氏出家并非自愿而为，在迁居秦州后，文帝又"密令养发"，所以她只是一个在秦州一带修行的信众，又考虑到她死后要与文帝合葬，因此按照皇后的身份入葬。第127窟的形制也与传统墓葬有很大关联，其左壁《维摩诘变》更是主张"即使身居闹市也可以修得佛法"，为乙弗氏以"修行的皇后"这一身份入葬提供了合理的解释。

通过目前的材料，已能大致判断乙弗氏以皇后身份被迫下葬于麦积山石窟。

乙弗氏的入葬还影响了之后的开窟活动。一方面私家功德窟兔兴起，如第120窟王氏家族窟；另一方面为大型纪念性洞窟陆续开凿，如李充信为亡父开上七佛阁，选在了崖面的最高点，这类洞窟是第43窟与第127窟"纪念"功能的延续。

---

❶ 高海燕. 试析舍身饲虎本生与睒子本生图像的对应组合关系——兼论麦积山第127窟功德主 [J]. 敦煌研究，2017 (5)：26.

❷ 同❶24 - 25.

❸ 董广强，魏文斌. 陵墓与佛窟——麦积山第43窟洞窟形制若干问题研究 [J]. 敦煌学辑刊，2014 (2)：71 - 73.

四、 北周时期的凿山建窟

（一）供养人身份

麦积山石窟第4窟是麦积山最大的洞窟和北朝建筑遗存，也是北周李充信为其祖父开凿的私家功德窟。以李充信为代表的陇西李氏一支秦州大族，通过与宇文导联姻及利用府兵制的军功晋级等方式方法，巩固和提升了家族的政治和经济地位，从而有经济实力营造第4窟这种耗费巨大、旷日持久的工程。传世的庾信铭记中将其称为李允信，后来诸多学者沿用了庾信铭记中的说法。阎文儒根据《周书》中的记载，提出李允信为误，开窟者应为李充信。《周书·宇文广传》中提及了李充信，他曾任大都督，是宇文广的下属，与宇文广的关系比较亲密，曾为宇文广的丧事上书北周武帝。根据铭文，开凿第4窟时李充信还是八品的大都督，宇文广死后他已升为九命的仪同。

（二）庾信题记

庾信（513—581年）是北朝晚期最著名的文学家之一。庾信受李充信邀请登临麦积山后，为第4窟作《秦州天水郡麦积崖佛龛铭并序》一文。这是目前最早的记录第4窟开窟等情况的文献资料。此诗文曾刻于麦积山的崖壁上，后不存。据五代时王仁裕《玉堂闲话》中"石室之中，有庾信铭记，刊于岩中"的记载与流传的拓片可以复原其内容。根据张铭等的研究，该铭文应该刻于第3窟与第4窟之间的崖面上。

《秦州天水郡麦积崖佛龛铭并序》全文如下：

麦积崖者，乃陇坻之名山，河西之灵岳。高峯寻云，深谷无量。方之鹫岛，迹遁三禅。譬彼鹤鸣，虚飞六甲。鸟道乍穷，羊肠或断。云如鹏翼，忽已垂天；树若桂华，翻能拂日。是以飞锡遥来，度杯远至，疏山凿洞，郁爲净土。拜灯王于石室，乃假驭凤；礼花首于山龛，方资控鹤。

大都督李允信者，籍于宿植，深悟法门，乃于壁之南崖，梯云凿道，奉爲亡父造七佛龛。似刻浮檀，如攻水玉。从容满月，照曜青莲。影现须弥，香闻忉利。如斯尘野，还开说法之堂；犹彼香山，更对安居之佛。

昔者如来追福，有报恩之经；菩萨去家，有思亲之供。敢缘斯义，乃作铭曰：

镇地郁盘，基干峻极。石关十上，铜梁九息。百仞崖横，千寻松直。阴兔假道，阳乌回翼。载樺疏山，穿龛架岭。纠纷星汉，回旋光景。壁累经文，龛重佛影。彫轮月殿，刻镜花堂。横镌石壁，闇凿山梁。雷乘法鼓，树积天香。嗽泉珉谷，吹尘石床。集灵真馆，藏仙册府。芝洞秋房，檀林春乳。冰谷银砂，山楼石柱。异岭共云，同峯别雨。冀城余俗，河西旧风。水声幽咽，山势崆峒。法云常住，慧日无穷。方域芥尽，不变天宫。❶

（三）开凿的基本情况

北周佛教广泛吸收、借鉴东魏、北齐及本地造像的流行元素，佛教兴盛，长安成为新的佛教中心。麦积山石窟是秦州佛教中心，作为北方最重要的石窟寺之一，受到长安新风尚的影响，迎来了又一大发展期。麦积山北周洞窟数量多，主要分布在东崖区域，西崖也有开凿，是我国目前保存北周造像最多的地方。第4窟是麦积山北周洞窟的集大成之作和代表性窟龛，吸收并创新了长安、邺城、洛阳及南方等区域的佛教经典、图像粉本、建筑组合等。它的建成标志着圣山构建的成功和圣地的形成，成为代表佛国净土及天宫所在的神圣空间。第4窟将七佛及弥勒信仰与传统孝道相结合，表达对亡去亲人的纪念和往生净土的祈愿。刚建成之初，第4窟由于其内容被称为"七佛阁"，由于规模宏大，又位于山崖的制高点，成为麦积山最具规模的展示空间。麦积山窟前本有抬升气流的地势环境，最晚在五代以前，出现了人为的散花行为，花瓣在空中旋转久久不落，因此第4窟得名"散花楼"。

第4窟的建筑可分为窟廊、屋顶和后室三部分。窟廊面阔七间，高8.65米，原有一横排8根檐柱，中间6根因地震崩塌，柱为八面体，上有栌斗、额枋、齐心斗和散斗，再上有两层橑檐枋和替木，橑檐枋上雕有檐缘。柱上有镶置门窗等木构件的竖槽。窟廊左右各有一龛，右壁上有一洞通向第5窟，为明

---

❶ 庾信. 庾子山集注 [M]. 倪璠，注. 北京：中华书局，1980：672 - 677.

朝时扩建。廊顶原有 42 块壁画，现仅存 6 块，绘有菩萨弟子赴会图、天人赴会图、骑兽天人图、莲花图、妇人出行图、城池图、庭院图和天人图。前廊正壁上方绘有 7 幅大型飞天壁画，每幅绘塑 4 身飞天，被命名为"薄肉塑"。屋顶凿有单檐庑殿顶，表现筒板瓦屋面。后室为一字排开的 7 座仿帐形佛龛，龛内各有一身主尊佛，但北周造像的原作大部分已不可见，目前能够明确认定是北周开窟时原作的是 8 身护法像和各龛壁面上的 757 身影塑千佛。其他目前能够看到的基本都是宋代以后重塑的作品。北周原作造像应是宋代绍兴二年（1132年）在兵火之乱中遭受了整体性的损毁，后时局较为安定时，麦积山的僧人和周围的信众对其进行了重塑。自北周开窟之后，隋、唐、宋、明皆有壁画留存在第 4 窟中。后世的 7 龛内绘有北周壁画，也采用了薄肉塑的手法，表层被明代壁画覆盖。第 4 窟还有宋代、元代的题记数方。可见，第 4 窟在历朝历代均有较大的影响力，游人、供养人络绎不绝。

第三节　工匠开凿过程拟分析

麦积山石窟崖面的开凿过程可以模拟为一系列步骤，然而对这些步骤的研究相对分散，并未形成体系。如果我们将崖面涉略到的开窟、修栈道和造像涉及的问题放到宏观的交通环境、中观的自然环境中来看，会进一步明确麦积山石窟开凿时的风格发展、技术水准。

例如，选择什么样的岩体？如何开凿洞窟、修建洞窟与造像？如何在陡峭的崖面上层层叠加，垂直向上架设栈道，再次开窟与造像？在持续兴建的 200年中，早修的造像与晚修的造像有什么区别？这种区别与道路交通上的技术、风格传播是否有关联？

一、麦积山孤耸山体的形成

麦积山石窟与敦煌莫高窟、龙门石窟、云冈石窟并称为"中国四大石窟"。与其他石窟相比，麦积山石窟最大的特点是营造于高耸垂直的崖壁上。这种陡峭的崖面是自然形成的还是完全是人为雕凿的？

天水处于陇中盆地，陇中盆地岩层构造为含砾砂岩、砂砾岩、厚层至巨厚层岩夹粉砂岩、泥岩等。岩层下部为紫红色，向上逐渐变为灰色、灰白色泥质岩。天水市至甘泉县以南，包括麦积山崖面，都含有一种坚硬的具有较强抗风化能力的第三纪砂砾岩。砂砾岩是混杂泥沙的小块岩石，按形成过程分类属于沉积岩的一种。沉积岩是在地表以下不太深的地方，其他岩石的风化产物和一些火山喷发物经过水流或冰川的搬运、沉积、成岩作用形成的岩石。通常砂砾岩形成之后又会被新的岩层覆盖，如天水地区常见的泥质岩层，麦积山崖面最终是在后期的侵蚀作用下成型的。

陡峭崖面在地质时期是何种情况？甘肃工程地质研究院的学者梁明宏经过研究认为麦积山脚下是有古河道的，水流的侵蚀最终形成了崖面。

具体的过程应该是：远古时期的洪水带来了沉积岩，之后经过秦岭抬升运动形成山体。地壳运动挤压出来的山体大部分是连绵的山脉，麦积山表面上是一座独立的孤峰，实际上它与东侧的山梁相连接，形成了一个马蹄形的圆润弧形。同时，山体在抬升运动中形成了很多节理裂隙。之后，麦积山脚下又有河流经过，对山体下部进行淘蚀。麦积山下部被淘空之后，因为重力作用和地震影响，上层的山岩沿着节理裂隙崩塌坠落，最终形成了麦积山这座独特的丹霞孤峰。

因为麦积山与东侧山梁形成弧形，古河道流进山谷之后会形成马蹄形的弯弧，空气进入山谷后会顺势抬升，形成一股上升气流，上升气流会携带土壤和植被蒸腾的水气上升汇聚，每当雨季，就会不时出现烟雨朦胧的胜景，宛如仙山。

综合麦积山崖独特的地貌、气流抬升等现象，再加上地理区位因素，可以认为，古人选取麦积崖这样的独特胜地开窟，不仅是利用既有陡峭山体，而且早就有连同地形、气流的综合考虑（图2.1）。

图 2.1　麦积山弧形山谷俯瞰图

图片来源：2021 年 3 月中央电视台纪录片《名山胜境·秘境麦积山》

二、　洞窟开凿及栈道架设技术

因为麦积山崖面垂直且相对地面高度高，洞窟开凿必须依凭栈道形成与崖面垂直的工作台，所以洞窟和栈道的建造几乎是同步进行的。麦积山石窟的开凿最重要的技术就包括洞窟开凿技术及栈道架设技术。

（一）洞窟开凿技术

石窟的开凿是对山体崖面做减法，依凭山势尽可能选取平整的崖面，使斩山工作量减少到最小。麦积山崖近乎直角的天然形貌基本符合这样的要求。由于麦积山石窟目前的窟前考古发掘仍在进行中，对于历史时期开窟产生的石料遗物及开窟遗迹还没有完整的分析，还不能断定开窟采石的具体方法。但是参考云冈石窟的"剖石"技术，麦积山的洞窟开凿可以推断为类似技术的应用，开窟的具体过程类似于开山采石。云冈石窟的考古遗迹和历史文献中关于开山采石的记载都揭示了云冈石窟采用了"剖石法"："首先，在岩面上掘凿出纵横相交的沟槽，分割为一块块方形岩体。其次，选取石块的一端，在沟槽底部斜向打入铁楔，再用前端弯折的铁撬顺楔入方向撬起石块。最后，顺次揭取石块，

一层工作面取石完毕再进行下一层，或呈阶梯状地多层揭取，顺次推进。"❶

麦积山还存在一种特殊的瘗埋洞窟，其开凿方式与汉代蜀地崖墓有一定的相似性。

崖墓指在石崖壁面以90°角向内开凿成墓室的一种特殊的墓葬，在汉至六朝大约500年的时间里曾在四川及云南、贵州部分地区广泛流行❷。崖墓结构多样，其中一种即为双室墓，有前后两室，如重庆市忠县涂井蜀汉崖墓M13，前室和后室平面皆为横长方形，弧形顶，后室面积较小且中轴线偏斜。除了多出连接前后室的甬道外，该崖墓的排布与麦积山第43窟的前后室排布具有一定的相似性。

石窟瘗葬的空间布置与崖墓的布局方法非常相近。崖墓和砖石室墓一样，更偏向于模仿死者生前的宅第居室，但为了将砖石室墓的地上、地下两部分同时放在向山腹内开凿的空间中，除了需要规划崖面空间，还要将地上、地下建筑融为一体。崖墓门外的前堂就模仿了砖石室墓的地上部分，门内的部分则相当于砖石室墓的地下部分❸。第43窟则在外部建筑还原了地面封树，在中室模仿了孝子居庐，在后室安置乙弗氏的棺椁❹，虽然形式比较简单，但同样将砖石室墓的地上、地下部分同时纳入了石窟中。

崖墓安葬的主要为少数上层贵族、王侯。由于在坚硬的崖面上开凿墓穴需要雄厚的财力，还需要人力、物力的支持，西魏皇室完全有能力选择在山崖上开凿瘗窟。这一点在第127窟体现得尤为明显。孙晓峰曾考证过开凿的工作量，包括甬道开挖、窟龛开凿、窟内地表及壁面平整、地仗层制作、壁画和雕塑制作等，整个过程要耗时130天左右❺。第43窟的开凿难度虽不及第127窟，但同样需要强大的财力支持才能完成。因此，西魏皇室具备模仿崖墓为乙弗氏开凿瘗窟的能力。

崖墓和瘗窟的开凿可能具有相似的动机，都选择高处为葬，以求吉地良冢。

❶ 彭明浩. 云冈石窟的营造工程［M］. 北京：文物出版社，2017：199.

❷ 罗二虎. 四川崖墓的初步研究［J］. 考古学报，1988（2）：133.

❸ 同❷158－160.

❹ 董广强，魏文斌. 陵墓与佛窟——麦积山第43窟洞窟形制若干问题研究［J］. 敦煌学辑刊，2014（2）：60－75.

❺ 孙晓峰. 麦积山石窟第127窟研究［D］. 兰州：兰州大学，2014：34.

自秦汉以来的不少史料中都有记载❶，墓葬的选址多为高敞之处，如第 127 窟就在西魏时期麦积山石窟西崖的最高点（图 2.2）。

由于缺乏崖墓和瘗窟进一步的联系和明确的传播路径，不能完全确定石窟瘗葬就是受崖墓影响开凿的，但与选择高处为葬的动机也许有着密切的关系。

（二）栈道架设技术

麦积山石窟大部分洞窟都开凿在距离地面 20～60 米的高度。虽然也有如第 51 窟现在距离地面只有约 1.5 米的洞窟，但是从山脚下的坡度情况看，目前属于山体的一部分应该是历史时期山体塌落的堆积物。所以可以推测，在开窟时，第 51 窟距离地面的位置要高于现今，可能有 4～5 米的高度。栈道是麦积山开凿洞窟必备的条件。

关于栈道的具体建造方法，因为 20 世纪 80 年代实施过山体加固、重修混凝土栈道等工程，古代栈道痕迹被掩盖，没有具体的实物资料以供研究。栈道架设技术其实并不复杂，我国陕西汉中、四川等地区的古栈道遗存可以作为参考。通过近现代的调查资料、传统技艺传承匠人的口述及南方栈道考古研究可以了解栈道具体的施工过程。

栈道的架设流程具体是怎样的呢？首先在崖壁接近地面的适当位置开凿第一个大小适宜的方形桩孔，然后将横梁挤入桩孔。横梁外露的长度因为栈道的样式、用途等不同而有所差别。麦积山石窟栈道并不像交通栈道那样，需要供较长距离和较大载重的货物运输和人员通行，所以石窟栈道间宽度有 0.7～0.8 米就够了。在第一个横梁的基础上在一定水平距离处开凿第二个桩孔，之后在两根栈道主梁之间架设两根辅梁，最后在辅梁之上铺设厚度为 3 厘米左右的木板，这样就形成了一组栈道。之后的栈道可以依托前一组栈道的平台依次架设。

从上述架设流程来看，最重要的就是凿桩孔和固定横梁这两个步骤。

麦积山桩孔的开凿方法应该来源于古代交通栈道已有的技术。汉中褒斜道是我国历史最悠久的栈道之一，从战国时期就开始修建。楚汉争霸初期，刘邦

---

❶《史记·淮阴侯列传》记载韩信"母死，贫无以葬，然乃行营高敞地，令其傍可置万家"。再如《后汉书·冯衍传》记载冯衍选择墓地，曰："地势高敞，四通广大……通视千里，览见旧都，遂定茔焉"。

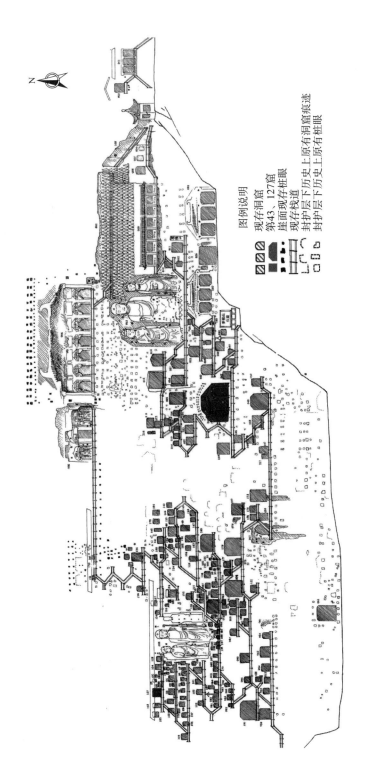

图2.2 麦积山石窟洞窟分布（第43、127窟）（马小健改绘）

图例说明

现存洞窟
第43、127窟
崖面现存桩眼
现存栈道
封护层下历史上原有洞窟痕迹
封护层下历史上原有桩眼

注：底图由麦积山石窟艺术研究所李西民绘

为迷惑项羽曾经焚烧栈道，使得褒斜道一度断绝；三国魏蜀对抗时期，也曾因为战事和经营策略而几度烧毁和重建。

褒斜道的桩孔开凿方法是"火焚水激"法，具体做法是：先在需要凿桩孔的地方用火烤，再以冷水泼，利用热胀冷缩产生的物理形变凿开桩孔。此外，唐朝刘禹锡的《山南西道新修驿路记》中记载了汉中栈道利用"火焚醋激"的方法："顽石万状……炽炭以烘之，严醯以沃之，溃为埃煤，一彗可扫。"❶ 这在单纯通过温差产生物理形变的基础上进行了改进，增加了利用食醋产生化学形变（这里的化学形变主要指醋酸与岩石中的碳酸钙发生化学反应，产生易溶于水的醋酸钙、水和二氧化碳气体：$CaCO_3 + 2CH_3COOH \overset{\triangle}{\rightleftharpoons} Ca(CH_3COO)_2 + CO_2\uparrow + H_2O$）。因此可以推测，麦积山栈道桩孔的开凿很可能运用了沿着陇蜀古道传播的"火焚水激"法和"火焚醋激"法。

至于横梁固定技术，麦积山石窟艺术研究所的董广强通过考古研究和口述史的方式总结了麦积山栈道的三种横梁加固技术，分别是倒楔技术、加楔技术和榫卯技术。其中，最独特的是榫卯技术。20世纪80年代修复栈道时，在拔除的残损古木栈道的尾部下侧发现有木榫，当时的工匠不得其解。实际上通过对比四川广元地区的汉代栈道的榫卯技术，就可以了解尾部木榫的用途。那么，麦积山的榫卯技术和广元的榫卯技术是否有差异呢？如果有，差异在哪里？

陆敬严由桩孔遗迹推测出了广元栈道加木楔的榫卯技术。他在考察汉代广元明月峡栈道遗迹时虽然没有发现尾部带有木榫的横梁实物，但是他发现栈道遗迹的桩孔底部凿有小方孔，经过分析，他认为这是特意加工的榫孔，用来固定横梁，防止脱落。具体的做法是：在栈道横梁安装进栈道孔之前，先在横梁端部安装一榫头，其位置要与桩孔中的底部小方孔位置对应。横梁插入栈道孔时，将榫头嵌合于底部小方孔内。此时横梁上面出现间隙，但是间隙的高度应接近于栈道孔高度。再将一木楔打入间隙，即可将横梁牢牢固定于栈道孔中，从而有效地防止横梁脱落（图2.3）。❷

---

❶ 湖南省刘禹锡诗文选注组. 刘禹锡诗文选注 [M]. 长沙：湖南人民出版社，1978：281.
❷ 陆敬严. 古代栈道横梁安装方法初探 [J]. 自然科学史研究，1984（4）：367.

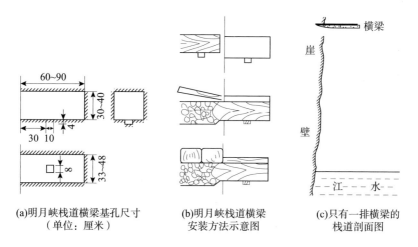

(a)明月峡栈道横梁基孔尺寸　　　(b)明月峡栈道横梁　　　(c)只有一排横梁的
　　　（单位：厘米）　　　　　　安装方法示意图　　　　　栈道剖面图

图 2.3　明月峡栈道榫卯式横梁加固示意图

董广强则通过麦积山栈道的横梁遗物推测出不需要加木楔的"活塞结构"：在安装栈道横梁之前先在横梁后尾的深孔中安插小木桩，并且使小木桩在孔洞中可以自由活动，然后将横梁孔洞朝下插入栈道孔。因为此时横梁和栈道孔相对紧密地结合，所以横梁孔内的小木桩（销）是被堵在横梁的孔洞内的。当在栈道孔内对应桩孔时，小木桩便自动下落到桩孔内，由于小木桩比较长，会卡在横梁孔洞和栈道孔洞之间。这样就将横梁紧密地卡在孔洞中，无论怎样的人为力量都无法将横梁从桩孔中拔出。❶ 麦积山石窟栈道的榫卯技术也有自己的改进。据麦积山的老工匠介绍，最初拔出残桩时发现了双面都有榫头（销）的横梁，在横梁的尾部上下两侧都安装卯榫需要更加精密的计算和开凿，施工难度更大（图 2.4、图 2.5）。

虽然根据两地残存横梁和栈道遗迹，两人推测出的榫卯技术有细微差别，但是二者在原理上不谋而合，细节上也可以互补。

至此，基本可以推测：时代更早的南方开窟技术和栈道技术沿着陇蜀古道影响了麦积山石窟栈道的修建。由于蜀道崖墓在东汉大量发展，在广元发现的栈道也是两汉时期的，所以采用卯榫固定栈道的技术应该早就普遍地流行于秦

---

❶ 董广强. 麦积山石窟栈道考古［M］. 兰州：甘肃人民出版社，2018：27.

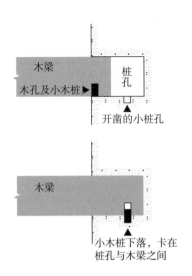

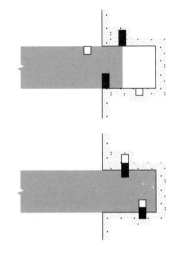

图2.4 带销横梁安装示意图　　图2.5 双销横梁后尾固定示意图

岭以南地区。汉代以来的栈道横梁加固技术也会顺着陇蜀古道传播到天水附近。由于榫卯技术中的栈道孔开凿和安装栈道横梁的难度大，在北周时期便被加楔技术取代。加楔技术在近现代的使用非常罕见，近乎失传。

三、 崖面开凿的发展趋势

自后秦开窟造像至今，麦积山石窟历经北魏、西魏、北周、隋、唐、五代、宋、元、明、清各个朝代，北朝时期是麦积山石窟开凿的鼎盛时期。麦积山崖面开凿的顺序是什么样的呢？（麦积山石窟洞窟发展概貌参见书后插页）

首先，对麦积山最早的利用是位于西崖靠中间底部的区域，如第51窟和第57窟，它们不仅形制符合早期洞窟的形制，而且从崖面位置来看比较低矮，不需要利用栈道，也符合崖面利用的逻辑。除石窟之外，麦积山周围寺院广布，民间出家投师、皈依佛门者日益增多，还吸引了不少西域高僧驻足，僧徒众多，佛事活动频繁。北魏高僧玄高就曾率百人以上僧团，由长安赴麦积山石窟"穴居习禅"，大举佛事活动。

在北魏时期，洞窟向上对称发展，如第74和78窟、第90和165窟。从西魏开始，延续了这样的崖面利用规律。当西崖的空间基本饱和，便开始向东崖发展。

从北周开始，麦积山崖面的利用开发到了最高处，也就是东崖的第 4 窟。第 4 窟又被称为"散花楼"。由栈道考古也能进一步佐证上述崖面利用规律。北周时期麦积山比较普遍地采用了双层栈道形式，自第 5 窟至第 135 窟上方的栈道从结构上分析也是双层栈道❶。可见，麦积山西崖与东崖最高处相连通始于北周时期，并且整个东崖的栈道层面洞窟基本都是北周时期开凿的。

隋、唐以后，麦积山石窟造像活动未曾中断。唐以前统治者的几次灭佛之举未曾波及此地，这从麦积山石窟造像具有连续性的特征中可以证实。唐代窟龛多分布在麦积山崖面的中部。然而，"安史之乱"的战火却使秦地经济和文化不可避免地遭到了破坏和摧残。唐开元二十二年（734 年）的秦地大地震使麦积山中部崖体大面积坍塌，崖面也自此分成东西两崖，凌空架设的栈道断裂。之后杜甫流寓秦州到麦积山探胜时，已是"野寺残僧少"了。宋元以降，伴随着连绵的战火和经济的凋敝，麦积山石窟在短暂的繁荣之后开始走向衰败，对麦积山的经营和利用更多转向重妆等供养活动。

四、 石窟风格传播分析

（一）北方中心城市的造像风格

中古时期北方的重要城市附近有开凿石窟的传统，如凉州有天梯山石窟，平城有云冈石窟，洛阳有龙门石窟等。天水与北方中心城市的交通往来密切，麦积山早期开凿的洞窟形式和风格自然也受到北方其他石窟的影响。

从洞窟形制来看，云冈一期昙曜五窟和二期第 9、10 窟等，龙门古阳洞、宾阳中洞、莲花洞等，均为无龛窟。昙曜五窟均作平面马蹄形、穹窿顶，为仿自然之态的"天似穹庐"。麦积山北魏早期的洞窟如第 74、78 窟窟形也较大，且近似穹庐。从洞窟内容来看，麦积山石窟早期的第 74、78、76、115、126、142 等窟题材为三佛，应该是受到了云冈石窟的影响。

中古时期麦积山石窟所在的陇右和关中地区联系最为密切。根据文献记载，

---

❶ 董广强. 陇山地域石窟洞窟间交通问题讨论［C］//陕西省宝鸡市社会科学界联合会，甘肃省天水市社会科学界联合会，甘肃省平凉市社会科学界联合会，等. 陇山文化发展论集. 武汉：武汉大学出版社，2015：201－205.

公元534年，西魏建立，定都长安。在此之前长安也是后秦佛教兴盛的地方，曾经是佛教中心。然而，长安城昔日繁盛的佛寺今已大量减少，石窟寺的遗迹也很难在关中一带发现。在目前的文物古迹中，能真正体现西魏佛教艺术最高成就的作品，是保存在丝绸之路沿线的甘肃天水麦积山石窟和敦煌莫高窟中的彩塑与壁画。

现存于麦积山石窟的北宋靖康二年（1127年）《秦州雄武军陇城县第六保瑞应寺再葬佛舍利记》碑上记载："昔西魏大统元年（535年），再修崖阁，重兴寺宇。"从此，麦积山开始成为西魏皇室高度重视的佛教圣地，西魏皇后乙弗氏被迫在此出家。麦积山与莫高窟的西魏壁画在题材、技术、风格上相似，是分析西魏风格长安佛寺壁画的珍贵资料。

洛阳龙门石窟胡太后时期窟室形制为三龛窟，题材为三佛，是麦积山在北魏末至西魏时期（约520—556年）最普遍的形制与题材，如第121、102、135、127等窟，表明此时《法华经》和大乘思想在麦积山盛行。麦积山石窟中有关《法华经》变相的洞窟有第74、78、80、128、148、144、100、132、133、165、110、27窟等。除三佛题材之外，凉州武威天梯山、张掖金塔寺的千佛影塑北魏后期（约500—534年）在麦积山流行，如第115、163、121、154窟等，在壁面及龛内布局有大量影塑。

陈悦新对麦积山造像的佛装做了专门研究，认为在北齐、北周交往的568年以后，麦积山石窟的佛装受到东魏响堂山石窟的影响。她提出佛装在中国的发展大致可分作四种类型，即搭肩类、搭肘类、北方结合类、南方结合类。搭肩类起源于印度，指用一块横长方形布从身后裹向前，右衣角搭在左肩上；搭肘类起源于中国，指用一块横长方形布从身后裹向前，右衣角搭在左肘上；北方结合类起源于中原北方，指由上述两类构成一种内外结合的关系；南方结合类起源于南方，指由搭肩类和搭肘类构成一种上下结合的关系。❶ 北响堂北洞中心柱左侧佛装就属于里层搭肘、外层搭肩的北方结合类，麦积山第7、62、65、12、26、27等窟中出现了此种类型的佛装。

---

❶ 陈悦新. 中心文化对北朝麦积山石窟的影响 [J]. 敦煌研究，2006（4）：15-18.

（二）陇蜀古道上的造像风格

在纵向道路上，祁山道与广元金牛道是相连接的，具体的线路是从甘肃天水出发，翻越祁山，经陇南市礼县、西和县、成县、徽县，到达陕西省汉中市的略阳县，再向南经勉县（此处与金牛道相连接）到达汉中市宁强县，向东南渡嘉陵江到达四川省广元市。以水域而言，祁山道沿着嘉陵江支流峡谷发展、通过，最终汇于嘉陵江。道路与道路的连接及道路与水系的连接为文化和技术的南北传播提供了客观条件，但是石窟风格影响的方向与道路发展的方向可能并不一致，这从天水和四川佛教石窟造像风格上可以找到联系。根据项一峰的研究，早在北魏佛教造像兴起时期，天水的僧人慧椤就曾到四川广元与僧政等人同造释迦佛，其形象和衣着很接近麦积山石窟第17、23、72窟主佛的艺术风格。广元千佛崖大佛龛的北魏造像与麦积山石窟第135窟石刻主佛及第83窟的菩萨相似。广元皇觉寺第8号窟北壁西魏佛背光上方左右的浮雕飞天形象与麦积山第127窟正壁北魏主佛背光上的伎乐天亦有较多相同之处。广元千佛崖、皇觉寺北朝众多的造像还与天水武山水帘洞北周造像风格特征似同。由此可见，天水麦积山等石窟与四川广元等石窟在北朝时期已存在比较密切的关系。天水地区此时期的石窟造像风格对四川广元等石窟造像影响很大。❶ 正是因为麦积山处在川、陕、陇相接的位置，交通便利，这里方便弘扬佛法，也方便开窟造像等技艺的传播和交流。

第四节 小 结

本章聚焦于5—7世纪的麦积山石窟，从始凿年代、开凿主体、崖面开凿过程、技术运用等角度具体呈现了麦积山石窟在南北朝时期从无到有的发展状况。

尽管麦积山石窟的始凿时间学界尚无定论，但"后秦说"对历史文献的梳

---

❶ 项一峰. 试论天水与四川佛教石窟之关系［J］. 敦煌学辑刊，2002（2）：104-108.

理、"北魏说"从考古类型学视角的观察都为观者认识麦积山拓宽了视角。通过历史记载及石窟中遗留的榜题与碑刻，我们得以从文字的缝隙中窥见彼时石窟开凿活动的兴盛及佛教信仰的盛行。

在崖面位置的选择上，早期洞窟占据了西崖中部的显眼位置，此后的洞窟则自下而上、自西崖向东崖渐次铺开。但据推测，即使分布位置较矮的一些洞窟，其开凿时可能距地面也有数米之高，故麦积山石窟的开凿必须依托于栈道架设技术。虽然麦积山山体上的古代栈道痕迹因当代的加固重修被掩盖，但相关的技术形式仍然能够从南方地区古代交通栈道的架设中推测一二。

第三章

8—19世纪：

作为林泉圣迹的维持与塑造

北朝以后，崖面已经基本开凿充分，而麦积山石窟的故事还在继续。

麦积山地处西北边境，宋金时期战乱频繁，地方僧众持续重塑窟龛、供养佛事、祈求和平。自北周、唐宋、明清以来，不断有文人、官员、民众登临麦积山怀古吟咏，最终促成了秦州知名的地方景观"麦积烟雨"。

在世界遗产体系语境下，麦积山石窟的价值主要集中于 5—13 世纪，是丝绸之路沿线的重要皇家石窟遗迹，具有突出的历史价值和艺术价值。但如果要全面地认识麦积山石窟的价值，还需要历时性看待麦积山的营建与发展，并加强宋代之后对外部空间角度、人地关系角度的价值认识。麦积山石窟自北朝开凿以后，崖面空间已开发完全，鲜有新窟。自隋唐以来，人们将麦积崖视作一处完整的宗教圣迹进行维护与持续利用。

作为整体的麦积山石窟，后代是如何认识它、维护它、再造它的呢？

第一节　崖面开凿完成后的持续营造

秦州各群体如何塑造麦积山的景观？反映了哪些时代文化传统与本地文化传统？

唐代杜甫留寓秦州，写下"野寺残僧少，山园细路高。麝香眠石竹，鹦鹉啄金桃。乱水通人过，悬崖置屋牢。上方重阁晚，百里见秋毫。"的诗句，诗中描述了崖壁石室，被后世认为是杜甫曾经到过麦积山的证据。文坛领袖的诗作引领了文人群体的访古活动，五代显宦王仁裕、北宋文人李师中、明朝巡抚胡瓒宗等都先后在麦积山留下吟咏。

两宋时期官方、民间也利用地理现象、政治文化传统塑造麦积山，并对以大佛为中心的石窟造像进行了重修、重妆。❶

明清时期，以麦积山为中心，其文化影响范围在空间上拓展到仙人崖、石门山区域，并形成了秦州东南文化圈。秦州与该文化圈的关联日益紧密。麦积山在该时期受秦州边疆政策、道路变更的影响，宗教文化相对衰弱。

一、 地理现象的附会传说

麦积山石窟的营建受到了秦州一带不同地理现象的影响，灵泉与当地民众

---

❶ 李天铭，祁姿妤，聂然. 灵山、祥瑞与诗迹入画：3 种文化传统对麦积山文化景观的塑造［J］. 自然与文化遗产研究，2022，7（5）：52-60.

的祈祷、地震对石窟本体的破坏，构成了这一时期整体营造的外部环境。

麦积山石窟"三泉"与民间信仰和祈福有密切的关系。在第 57 窟内部和第 58 窟至第 78 窟的旁边，由于渗水较多，其下边的崖壁被冲出了三道较大的深沟。当地群众不仅把第 57 窟称为"漱洞"，还把这三道沟里流出来的水称为"神水"。直到 20 世纪 60 年代初期，附近群众每逢天旱不雨都会到这里取"漱"祈雨。❶ 宋代《四川制置使司给田公据》碑（1222 年）有"三泉"相关的记载："伏观本寺，继传名相，历劫胜因，群山围绕，中间突起一峰，镌凿千龛，现垂万象，上下万仞，中有三泉，文殊、普贤、观音圣水，万民祈祷，无不感应……"❷ 这一表述表明"三泉"分布于石窟群之间，符合三道深沟的情况。

经调查，"三泉"的形成可能是地壳运动的结果，在麦积山顶部偏后位置形成了一条从上到下与崖面成斜角的 15～30 厘米宽的构造裂隙，雨水、雪水和山后斜土坡的积水等顺隙而下，并从前边的崖面上渗出。这种渗水的地方有 30 多处，而"三泉"正是其中最大、最明显的三处。从洞窟现存情况来看，第 58 窟保留有明代重修的水月观音像，第 78 窟则较为完整地保留了早期洞窟的形制和造像，但由于唐代发生的大地震，第 57 窟造像已经毁坏无存。由此可知，与"三泉"相关的洞窟被后代重视乃至重修。

秦州古代是地震多发区，这影响了唐代以后的营建活动。麦积山位于我国地震活动最频繁的地区之一天水地震带内，石窟地遭受的地震影响不容忽视。唐玄宗开元二十二年（734 年），秦州发生了一次大地震，这是一次罕见的大地震，秦州城城垣官署俱毁，压死吏民 4000 余人，官署也因此迁至成纪之敬亲川（今甘肃省秦安县叶堡川）。据记载，"（唐开元二十二年）二月，秦州地震，摩宇及居人庐殷殷有声，仍连震不止。舍崩坏殆尽，压死官吏以下四千余"。❸ 据估算，此次地震震级达 7 级，烈度为 9 度。这次地震对麦积山石窟造成的后果

---

❶ 张学荣，何静珍. 再论麦积山石窟的创建时代及最初开凿的洞窟——兼与张宝玺先生商榷 [J]. 敦煌研究，1997（4）：94 - 109.

❷ 张锦秀. 麦积山石窟志 [M]. 兰州：甘肃人民出版社，2002：169 - 173.

❸ 刘晌. 旧唐书 [M]. 北京：中华书局，1975：200.

也是灾难性的，窟群中间部分及东崖上部大面积塌毁，从此窟区分为东、西两部分。由于地震等各种自然因素和人为的破坏，麦积山崖面许多洞窟未能保存下来，因此，历史上的麦积山石窟绝不止目前编号的 221 个，其数更多，已无法确知。

二、 官方对佛教发展的重视

隋文帝、隋炀帝父子均推崇佛教，大量剃度僧尼、建立寺院、邀请高僧译经，缮写佛经、修建舍利塔、修复前代造像，并新修造像等，促进了隋代佛教发展的进程，为唐代佛教的进一步发展奠定了基础。唐《法苑珠林》（668 年）、《辩正论》（632 年）等文献中都有关于隋代二主信佛的详细记载。

唐道世《法苑珠林》卷一百载：

隋高祖文皇帝开皇三年，周朝废寺，咸乃兴立之。名山之下各为立寺，一百余州立舍利塔。度僧尼二十三万人，立寺三千七百九十二所，写经四十六藏一十三万二千八十六卷，修故经三千八百五十三部，造像十万六千五百八十区，自余别造不可具知之矣。

隋炀帝为孝文皇帝献皇后，长安造二禅定并二木塔，并立别寺一十所，官供十年。修故经六百一十二藏，二万九千一百七十二部。治故像十万一千区，造新像三千八百五十区，度僧六千二百人。

右隋代二君，四十七年，寺有三千九百八十五所。度僧尼二十三万六千二百人，译经八十二部。❶

唐沙门释法琳撰《辩正论》卷三载：

自开皇之初终于仁寿之末，所度僧尼二十三万人，海内诸寺三千七百九十二所，凡写经论四十六藏一十三万二千八十六卷，修治故经三千八百五十三部，造金铜檀香夹纱牙石像等，大小一十万六千五百八十躯。修治故像一百五十万八千九百四十许躯。宫内常造刺绣织成像及画像，五色珠旗五彩画旗等不可称计。二十四年营造功德，弘羊莫能纪，隶首无以知。炀帝修治故像一十万一千

---

❶ 道世. 法苑珠林：卷一百［M］. 大正藏（第 53 册）：1026b.

躯，铸刻新像三千八百五十躯。❶

秦州在隋代颇受中央的重视，隋代初年即由皇亲国戚窦荣定任秦州总管（开皇二年，582 年），第二年又由隋文帝之第三子秦孝王杨俊任秦州总管。《隋书·秦孝王俊传》中记载了杨俊信佛、敬佛、供养的相关事迹：

> 秦孝王俊字阿祇，高祖第三子也。开皇元年立为秦王。二年春，拜上柱国、河南道行台尚书令、洛州刺史，时年十二。加右武卫大将军，领关东兵。三年迁秦州总管，陇右诸州尽隶焉。俊仁恕慈爱，崇敬佛道，请为沙门，上不许……俊有巧思，每亲运斤斧，工巧之器，饰以珠玉。为妃作七宝鬓篱，又为水殿香涂粉壁，玉砌金阶，梁柱楣栋之间，周以明镜，间以宝珠，极荣饰之美。❷

仁寿元年（601 年）隋文帝在麦积山诏建舍利塔，开窟龛，并给麦积山的寺院敕赐名曰"净念寺"。隋代重新开凿的洞窟有第 5、8、13、14、24、37、40、42、82、152 等窟。除开凿新的洞窟外，隋代还对麦积山前代遭破坏的洞窟进行了大规模的重修。❸ 这些政令的实施及麦积山石窟的重修都应与杨俊的上传下达有关，具体的营建活动应是由净念寺的僧侣完成的。

三、 佛教与政治文化传统的互动

麦积山的舍利塔自隋朝始建以来，曾于宋、清、现代有过重修，是麦积山的重要遗迹。隋代仁寿元年敕奉秦州麦积山净念寺舍利塔。文帝模仿阿育王奉佛建塔功德，在全国多处敕奉舍利塔，延续了南北朝以来的佛教共识。之后，宋代僧人将麦积山佛教背景纳入中国传统的政治文化观念体系，自下而上主动延续着与舍利塔相关的祥瑞传说，以赢取朝廷的持续重视与资助。与修塔相对应，修建了地面寺院，于是开始有"瑞应寺"之名。从遗产三要素（自然环境、观念行为和物质实体）来讲，在麦积山崖体周围修造的佛塔（包含地宫）、寺院都是物质实体，而修建它们的背后的观念主要有两种：一种是五胡入华依

---

❶ 释法琳. 辩正论：卷三［M］. 大正藏（第 52 册）：0508b.

❷ 魏徵. 隋书［M］. 北京：中华书局，1973：1239.

❸ 魏文斌. 麦积山石窟初期洞窟调查与研究［D］. 兰州：兰州大学，2009：236－237.

赖佛教统一多民族文化进程的政治理念；另一种是自汉代以来的谶纬祥瑞政治文化传统。这两种观念在麦积山的发展此消彼长又相互促进。

（一）敕奉阿育王塔

舍利塔在隋朝佛教中极为重要，汤用彤先生认为隋代佛教史之大事件有二，"一关中兴佛法；一舍利塔之建立"。隋文帝曾经三次分送舍利，前两次与麦积山相关。仁寿元年，6 月 13 日是隋文帝的生辰，他与高僧大德于仁寿宫谈佛论道后，决定奉送 30 枚舍利到全国 30 个州建舍利塔。此后又于仁寿二年敕送舍利到 51 个州建灵塔。这一举动系统地推动了佛教的传播和渗透，是国家主导的一项事业，带有鲜明的政治彩色❶，模仿了阿育王兴建 84 000 座佛陀舍利塔的传说。《阿育王传》记载：阿育王朝时期佛教昌盛，阿育王取出王舍城大宝塔阿世王分得的佛陀舍利，分成 84 000 份，"尊者耶舍舒指放光，八万四千道。令羽飞鬼，各随一光尽处，安立一塔"。❷ 后世佛教徒为缅怀阿育王功德，多将瘗埋舍利的佛塔称作阿育王塔。

学界一般认为，第一次向秦州分送舍利时分送到了麦积山净念寺。《宋靖康秦州雄武军陇城县第六保瑞应寺再葬佛舍利塔记》（以下简称《舍利塔记》）记载，隋文帝于仁寿元年亲自降诏，在麦积山建宝塔"敕葬神尼舍利"，并敕赐麦积山寺院为"净念寺"。❸ 同时代的《四川制置使司给田公据碑》也使用了这一说法。隋王劭《舍利感应记》记载："秦州于静念寺起塔。先是，寺僧梦群仙降集，以赤绳量地，铁橛钉记之，及定塔基，正当其所。再有瑞云来覆舍利。是时，十月雪下，而近寺草木悉皆开花。舍利将入函，神光远照，空内又有赞歌之声。"❹ 张铭认为，依据当时下雪的祥瑞，佛塔应是建立在麦积山的山区之中。"静念寺"对应麦积山顶的净念寺舍利塔。❺

目前在山顶还没有发现隋代舍利塔的遗址痕迹，可以推断隋代的舍利塔有

❶ 气贺泽保规. 绚烂的世界帝国：隋唐时代 ［M］. 石晓军，译. 桂林：广西师范大学出版社，2014：47.
❷ 高楠顺次郎，渡边海旭. 大正新修大藏经（册 49）［M］. 小野玄妙，校. 台北：新文丰出版公司，1996：318.
❸ 同❶.
❹ 同❷.
❺ 张铭. 麦积山舍利塔及其发掘 ［J］. 中国文化遗产，2016，13（1）：43－47.

可能建立在山前寺院周边。《舍利感应记》中"瑞云来覆舍利"建立起了作为第一等祥瑞的五色云与佛教舍利之间的关联，体现出佛教与中国传统政治文化中的谶纬之学开始融合。政治谶纬说中最注重天人感应，瑞相之显现颇有天赋皇权的意味。根据《舍利感应记》，神迹大致可分为三类：一是显现抽象瑞相，如"观州表云，舍利塔上有五色云如车盖。其日午时现至暮"；二是显现具体事相，如"舍利石函盖四月五日磨治讫，遂变出仙人二，僧四人，居士一人，麒麟一，师子一，鱼二，自余并似山水之状"；三是现实中的人与事发生奇迹，如"时有一僧先患目盲。亦得见舍利。复有一人患腰脚挛十五年。自舍利到州所，是患人礼拜发愿。即得行动"。❶

这些"灵验"事件，一方面表现出此次颁布舍利活动的宗教感应作用，另一方面显示了隋文帝利用佛教融合汉地谶纬，进行政治文化调和，确立隋代政权的正统地位。

（二）"祥瑞"与舍利塔

自东晋南北朝迄隋唐，阿育王信仰传承不绝，并在唐宋之际促成新的信仰高潮，一直持续到清代。❷ 麦积山文物库房藏宋代《普同塔》铭文中有："后僧师上圆下慧和尚驻锡于此，数年之间，百废具兴。重修舍利塔于万仞峰头之上。"❸《舍利塔记》中记述：宋代靖康年间再葬佛舍利，是因为在麦积山顶产38株灵芝，通过供奉灵芝，换取了寺庙敕号"瑞应寺"。由此，麦积山开始与地面寺院产生联系。这在宋代《四川制置使司给田公据碑》中也有记载。

根据《舍利塔记》碑文记载，山顶的灵芝是由唐代炯觉大师所赐的11只灵芝种植而成，在舍利塔旁种下之后当年就满地鲜花盛开。唐人在菌类中最重视灵芝，传说食用灵芝可以"轻身不老，延年神仙"，而唐人推崇道教，使灵芝身价倍增。更重要的是，唐代流行灵芝的传说。唐人很看重生长地点特殊、颜色和形状奇特的灵芝，见到后要占卜、算卦或当作瑞兆上报，甚至写到正

---

❶ 高楠顺次郎，渡边海旭. 大正新修大藏经（册52）[M]. 台北：新文丰出版公司，1996：213-218.

❷ 廖雅. 长清灵岩寺塔北宋阿育王浮雕图像考释 [J]. 故宫博物院院刊，2006，49（5）：52-85，155.

❸ 高翾. 乾隆时期麦积山僧人圆慧和尚考 [J]. 美与时代（下），2011，10（12）：115-116.

史中。❶

宋代对芝草祥瑞的记录无论是频次还是数量较前代均有显著增长，但由于这一时期尚无证据证明人工栽培灵芝的技术已经成熟，且无连续记录，《舍利塔记》碑文中所记载的灵芝故事的书写目的应是用以附会祥瑞之说，以灵芝祥瑞烘托炯觉大师神迹，以博得国家对麦积山周边寺院的关注和资助。围绕着麦积山本体形成的佛塔与寺院实体及相关祥瑞观念的运作共同造就了麦积山崖体以外的佛教文化景观，展现出寺院与政治传统的深度互动。

因此，麦积山可谓典型的文化景观案例，以麦积山顶的舍利塔为物质载体，体现出两种政治文化观念的相互借用。隋代麦积山兴建舍利塔，体现出北朝统治者借用佛教中"阿育王广建佛塔"的文化观念，与既有的祥瑞传统进行文化上的统一。宋代僧人以麦积山顶阿育王塔下的灵芝祥瑞获得了"瑞应寺"敕号，体现出发展相对弱势的佛教对传统政治文化的借势。这些行为都能体现出我国自古以来不断吸纳外来文化，进行文明交流互鉴；佛教与政治文化相互借势，以谋求文化上的正统与合法性，获取最广大的民心和共识的意涵。

第二节　两宋时期麦积山石窟的重修、重妆

麦积山石窟经过北朝和隋唐时期的开凿，崖面已经基本开凿完毕，之后由于各种原因，在宋代经历了大规模的重修、重妆，新修造像呈现出以东、西崖两尊大佛为中心的布局，这些行为对麦积山石窟造像本体起到了维持和再发展的作用。

既往研究多通过考古地层学、类型学方法围绕洞窟形制与内部造像展开，适用于从北魏至隋的洞窟布局。本节将从文化景观方法论的角度出发，讨论麦积山石窟宋金时期的重修、重妆活动，从外部环境、关联群体、人地关系生发出如下三个问题：宋代重修、重妆的时代背景是什么？哪些人主导或参与了重修、重妆活动？重修、重妆的造像有怎样的分布、题材、风格？在此基础上，

---

❶ 魏露苓. 唐人对菌类的认识与利用 [J]. 华南农业大学学报（社会科学版），2003，2（1）：93-96.

尝试总结为什么会在宋代发生重修、重妆。

一、 宋金时期边境战争局势与麦积山的关系

麦积山石窟位于秦州地区，秦州是宋代的边防重镇与军事基地，重修、重妆活动与当地的军事活动有着密切的联系。北宋时期的秦州位于宋夏战场以南，为前线提供后备兵力；南宋时期前线南移，秦州成为宋金交战的前线。麦积山石窟从处于丝绸之路主线、支线交叉点的石窟转变为边境重镇附近的石窟。秦州附近长期面临战乱，麦积山石窟的功能与军民祈福、供养积攒功德密切相关，通过军民僧侣共同修缮而得以维持完整。

1. 北宋时期的秦州

北宋时期的秦州面对来自当地吐蕃部族和以北的西夏政权两方面的军事压力。秦州位于边防要地以南的后方地区，离前线有一定距离，是打击和防备西夏侵扰的后备力量，为宋夏战争提供兵力。北宋宝元元年（1038 年），党项建立西夏，与辽国一道形成与宋对峙的局面，陕北与陇东也随之成为北宋与西夏争战的主要战场，双方军队频繁出入于这个地带❶，但秦州不在宋夏交战、往来的主要交通线上。

王韶曾于熙宁元年（1068 年）2 月向宋神宗上《平戎策》三篇，他提出："欲取西夏，当先复河、湟，则夏人有腹背受敌之忧。夏人比年攻青唐，不能克，万一克之，必并兵南向，大掠秦、渭之间，牧马于兰、会，断古渭境，尽服南山生羌，西筑武胜，遣兵时掠洮、河，则陇、蜀诸郡当尽惊扰，瞎征兄弟其能自保邪？"他阐明了包括秦州在内的秦陇地区的地域优势和战略地位，于是秦州成为北宋开边拓疆的基地❷。

秦州作为战略基地，需要大量的兵力作为补充，但秦陇地区兵力不足，而不断招募禁兵会带来庞大的军费开支，所以，北宋政府根据需要，在当地招募粮禁兵、厢兵、土兵、乡兵、弓箭手等作为补充。陕西安抚使王尧臣在庆历元

---

❶ 韩茂莉. 宋夏交通道路研究 [J]. 中国历史地理论丛，1988（1）：141 – 152.
❷ 宋进喜. 天水通史·秦汉至宋元卷 [M]. 北京：中华书局，2014：473.

年（1041年）6月曾言："鄜延、环庆、泾原、秦凤四路缘边所守地界，约二千余里，屯兵二十万，分屯州军县镇城寨，及疲懦残伤不任战斗外，总其可用者，仅十余万人。"❶

秦陇地区招募的士兵虽然都是"本土勇悍之人"，但不习军事，战斗力不强❷。元丰六年（1083年）8月戊子，提点秦凤路刑狱吕温卿就提到，秦州有大量逃兵，这些逃亡的禁军"本以备边，而乃役使劳苦，以至罢敝如此"。❸ 在西北地区大量招募民兵，不仅没有增强军事力量，反而减少了农村劳动力，使得沿边经济凋敝、民生困苦，各种兵役杂役更是成为民众的负担，以至于百姓逃亡或沦为寇盗。

秦州是吐蕃的重要聚集区，有着尖锐的民族矛盾。虽然在唐代末期，吐蕃集权统治逐渐衰落，各部落分据一方，但到了北宋初年，陇右地区的大部分地方仍由各大小吐蕃部落占据。据《宋史·兵志五》统计，秦州所在秦凤路共有632个部族，在成纪县、陇城县、夕阳镇、伏羌城、达隆堡等地都分布有吐蕃部族。❹ 安抚可以笼络的吐蕃部族、镇压吐蕃引发的叛乱是秦州地区的重要任务。

为了解决秦州地区尖锐的民族矛盾并应对外部势力的侵扰，北宋王朝实行了治理兼任用的政策。一方面，宋朝廷慎重选择秦州地区的主政官员，不仅要考虑所任官员的声望、地位和影响力，还要考虑他们的军事能力及处理民族关系的态度。❺ 另一方面，北宋朝廷又以佛事怀柔笃信佛教的吐蕃部族，在秦州地区兴建佛寺，多次向佛教僧侣赐予紫衣和师号，表彰僧侣的功德。北宋仁宗景祐二年（1035年）组织麦积山石窟大规模重修的住持惠珍曾被朝廷赐紫衣，在僧侣中具有较高的地位和声望。神宗元丰八年（1085年），曾"宣诏本寺得道高僧秀铁壁入内升座，讲演宗乘，赐圆通禅师……赐田二百余顷，供瞻

❶ 李焘. 续资治通鉴长编：卷132 ［M］. "庆历元年六月乙亥"条，3140.
❷ 李焘. 续资治通鉴长编：卷126 ［M］. "康定元年三月癸未年"条，2997.
❸ 李焘. 续资治通鉴长编：卷203 ［M］. "元丰六年八月戊子"条，8148.
❹ 宋进喜. 天水通史·秦汉至宋元卷 ［M］. 北京：中华书局，2014：451.
❺ 同❹481.

僧众"。❶

2. 南宋时期的秦州

南宋时期，宋金拉锯式争斗近百年，秦州地区成为两军交战的前线。战争既对麦积山石窟造成了直接的破坏，也在议和后为重修提供了暂时平稳的外部环境。

西北地区是南宋整体防御的重要组成部分，其中秦州地区扮演了重要的角色。何玉红在其博士学位论文《南宋西北边防行政运行体制研究》中总结了南宋西北边防的空间结构：以兴州（沔州）、兴元府、金州为三大屯驻重心，由西部的阶州、成州、西和州、凤州、天水军五州发挥屏障作用，拱卫屯驻地的安全，并充分利用天然屏障"内三关""外三关"。"内三关"指仙人关、武休关、饶凤关，"外三关"指皂郊堡、黄牛堡、大散关。❷ 其中，天水军、皂郊堡都属秦州治下。

宋金在陇右交战的战场几乎覆盖整个秦州地区，皂郊堡以北的地区成为宋金交战的前线，是两国反复争夺的地区。两国交战持续了近百年，共有三次较大规模的战争，麦积山石窟南宋时期有题记佐证的几次重修则均发生于宋金关系较为缓和的时期。

第一次较大规模的战争发生于建炎二年至绍兴十一年议和（1128—1141年）。金军从陕北地区攻入秦陇地区，目标是夺取汉中。绍兴二年（1132年）11月，金军攻夺秦州，并兵分三路攻占天水军、熙河路和金州、兴元，宋金两军在饶凤关展开激烈争战，最终金军抢占了军事重镇汉中。这场交战使宋军被迫收缩阵地，转入纵深防御。❸ 根据第3窟的题记，"绍兴二年岁在壬子，兵火毁□"，本次交战也对石窟本体造成了直接的破坏。❹

绍兴十一年（1141年）11月，宋金"绍兴议和"达成，宋金两国以淮河至大散关一线为界，南归宋，北归金。在天水以秦州皂郊堡、天水县（今天水

❶ 张锦秀. 麦积山石窟志 [M]. 兰州：甘肃人民出版社，2002：169－173.

❷ 何玉红. 南宋西北边防行政运行体制研究 [D]. 成都：四川大学，2006.

❸ 宋进喜. 天水通史·秦汉至宋元卷 [M]. 北京：中华书局，2014：493.

❹ 同❶142.

市秦州区天水乡）、陇城县、吴砦（今天水市麦积区吴砦）一线为界，南归宋，北属金，麦积山石窟则被划归南宋。在此之后，麦积山石窟开展了大规模重修、重妆。

第二次较大规模的战争发生于绍兴三十一年至隆兴元年（1161—1163 年）。金兵再次进攻秦陇地区，宋军先发制人，夺取陇右。经过交战，陇右诸州府尽为宋军攻据。但由于宋军内部政治和外部军事造成的双重决策失误，用数以万计的将士生命收复的陇右诸州最终仍归于金。

第三次较大规模的战争发生于开禧元年至嘉定十三年（1205—1220 年）。宋军趁金国衰弱想要收回陇右诸州，两国在皂郊堡、天水军、成州、西和州和阶州的防御战线一带发生激战。宋军约西夏共同攻金却不信任西夏军队，使得金兵先发制人击退宋军，最终约西夏攻金事无功而止。

麦积山石窟宋代的重修、重妆活动受到了这一时期军事局势的直接影响。

二、 僧团、民众、军吏等群体的重修、重妆

两宋时期，麦积山石窟的发展除了与外部环境密切相关，也离不开当地僧侣、军民信众群体的建设。军民施主是重修、重妆的主要群体，其中既有驻守边境的士兵，也有麦积山附近州县的民众，周边游人也会登临麦积山祈福并留下题记。

与宋代麦积山石窟发展相关的群体可以分为三类：第一类为僧侣，第二类为当地的军民信众，第三类为曾在秦州地区任职并登临麦积山的官员。

这些群体的记载来自麦积山石窟现存的宋代题记。张锦秀在《麦积山石窟志》中按照年代序列梳理了榜书题记和历代游人题记，其中宋代题记分布在第3、4、5、10、13、15、26、27、43、54、59、65、83、85、87、100、101、109、114、123、127、131、133、135、165、168、174 窟共 27 个洞窟中。总体来说，宋代重修、重妆有关的内容极少，且部分文字漫漶，难以识读，因此下文将综合题记和宋、金、西夏历史进行分析。

1. 僧侣

僧侣会组织重修、重妆活动。北宋时期，麦积山沙门惠珍率众进行了一次

大规模的重修、重妆。第59窟的《麦积山应乾寺重粧塑东西两阁佛像施主舍钱记》记载了这次重修、重妆的时间、范围、背景、原因与施主。其中提到麦积山石窟开凿多年，耸立于陇右之地，"□□（诗）□（之）□（后）全凭修塑"，麦积山沙门惠珍立志重修有损坏的造像，太原王秀受他的影响，联合了一批有共同目标的当地施主募捐钱物妆修东西崖塑像。他们组织重修、重妆则是因为"佛或助金簿祈弥勒下生之因缘求龙华弟（第）一之上会□（乞）"，又"恐时代之迁流乃书凿而记"，于景祐二年乙亥岁仲春月二十有一日留下了这篇题记，并罗列了所有施主的姓名、住地和捐献的钱物。❶

僧人也会通过自身的影响力获得文人阶层乃至朝廷的关注，代表性人物即云门宗的法云法秀。他是宋代麦积山应乾寺最显赫的得道高僧，在麦积山石窟瑞应寺发现的《四川制置使司给田公据碑》碑文中简要记载了他的事迹，在《五灯会元·法云法秀禅师》❷《佛祖通载·法云圆通法秀禅师》❸中则有更详细的记录。这位高僧自"十九试经圆具"后，到安徽无为铁佛寺师从义怀，又前往江苏、江西一带住持多处寺院，并在京城法云寺落成后，应诏成为第一代住持。❹ 屈涛在《麦积山宋僧秀铁壁考》一文中考证了法云法秀的生平、师承、禅锋、交游、法嗣及和宋代麦积山佛事的关系。在法秀获赐圆通禅师后，朝廷"赐田二百余顷，供瞻僧众"，他的形象也呈现在了第50窟的主尊身上。

周边地区的僧侣也会被吸引，从而登临麦积山。例如，第4窟长廊左侧石柱下部刻有题记"前住持僧智有邑上石，刘永安、赵沂登顶。政和戊戌闰月"❺；第87窟右壁龛龛楣刻有"庆历□年，仙人崖僧如亮□□"❻；第114窟左壁龛右侧刻有"秦州王觉、禅院僧□□□□□□□□□□兴元府□寺"❼。

---

❶ 张锦秀. 麦积山石窟志 [M]. 兰州：甘肃人民出版社，2002：136 – 137.
❷ 普济. 五灯会元 [M]. 北京：中华书局，1984：1037 – 1039.
❸ 念常. 佛祖通载 [M]. 扬州：扬州广陵古籍刻印社，1993：330 – 331.
❹ 魏道儒. 中华佛教史：宋元明清佛教史卷 [M]. 大同：山西教育出版社，2013：89.
❺ 同❶143.
❻ 同❶152.
❼ 同❶153.

2. 军民信众

军民信众是南宋时期重修、重妆的主力，留存的题记相较于北宋时期更多，分布在第3、4、10、13窟，在时间上均发生于宋金关系较为缓和的时期。

宋金第一次较大规模的战争后留存下了南宋时期大规模重修的记载。第3窟的题记有"绍兴二年岁在壬子，兵火毁□，至十三年，尽境安宁，重修再造，二十七年丁丑，方就绪"的记载❶。第13窟（东崖大佛）的主尊白毫中曾取出宋定窑芒口碗一只，上有墨书题记为"秦州甘谷城塑匠高振同，是绍兴二十七年八月二十五日，高振同□"。❷ 这两则题记说明在"绍兴议和"后的14年间，在麦积山石窟东崖大规模重修、重妆了遭到战火破坏的洞窟。

宋金第二次较大规模的战争后，有低阶军官在麦积山石窟施钱重妆了造像。第10窟窟顶及左右两壁的墨书题记表明，在南宋孝宗淳熙十一年（1184年），有施主施钱重新妆彩了第10窟的藻井与造像，而这些施主的身份是秦州当地的保义郎、忠翼（翊）郎、承信郎。❸ 这些官职在南宋时期属于武官阶中的小使臣，保义郎、忠翼（翊）郎为正九品，承信为从九品。❹

宋金第三次较大规模的战争后，有当地的家族和工匠以祈福为目的开展了重修。第4窟庑殿顶上方横槽内的墨书题记记载了宋理宗绍定元年（1228年）的重修、重妆，但是由于漫漶严重，大部分文字已经难以辨认。凭借现存的信息可知，此次重修、重妆的施主有天水军天水县东柯社第六保税户李氏及其他李姓族人，并记录了赵姓工匠、刘姓工匠，他们施钱重修的目的是"偈（谒）世间之亡过者超生佛界□□□"及"福乐百年"。❺

此外，还有大量游人的题记，游人登临的目的多为瞻仰佛像、为现实需求祈福。例如，第4窟第1龛外上部垂幔之下有墨书题记"西康马珍、孟逊、杨征、刘仲威、泰绥同故道杜昌等六人，于庆元己未正月上元佳节，施灯油於圣

---

❶ 张锦秀. 麦积山石窟志［M］. 兰州：甘肃人民出版社，2002：142.
❷ 同❶136.
❸ 同❶135.
❹ 龚延明. 宋代官制辞典［M］. 北京：中华书局，1997：35–36.
❺ 白凡，张采萦，夏朗云，等. 麦积山石窟第4窟庑殿顶上方悬崖建筑遗迹新发现　附：麦积山中区悬崖坍塌3窟龛建筑遗迹初步清理［J］. 文物，2008，628（9）：71–86，1.

寺，祈愿永得，瞻上圣者谨记"。❶

3. 秦地官员

秦州当地的官员、边防将士没有直接参与重修，但他们在任职期间也会与僧人交游，登临麦积山，这扩大了石窟的影响力。

提点秦凤等路刑狱公事游师雄及提举茶马公事仇伯玉等曾于北宋元祐六年（1091 年）2 月 3 日登上散花楼（第 4 窟），并在长廊西壁上部刻石题记"提点秦凤等路刑狱公事游师雄、提举茶马公事仇伯玉，同登麦积山寺七佛瑞阁"。❷

陕西转运副使、诗人蒋之奇曾于元丰四年（1081 年）3 月 26 日登临麦积山，并在第 5 窟留下题记"蒋之奇登麦积山，观悬崖置屋之处，知杜诗为不诬矣"。❸ 而蒋之奇前往麦积山又与前文提到的法云法秀有密切的关系，二人曾在京城相识、来往，这才有了蒋之奇登临麦积山。

洮河安抚使王韶制下虞候孙赟等也曾于熙宁六至七年（1073—1074 年）游历麦积山，在第 26 窟留有题记"□（阆）州随王绍（韶）制下虞候孙赟，随贾文□（桥）巡游到此"。❹

总体来说，麦积山石窟宋代重修、重妆的关联群体具有如下特点：

其一，僧侣是维护造像完整的主要群体。僧侣肩负着维护、弘扬佛法的责任，在造像完整性受损与官方重视佛教的双重背景下，僧侣会组织信众重修造像，还会积极与官员、文人交游。

其二，地方军民作为佛教信众，其目的多为祈愿祈福。麦积山石窟的重修、重妆发生在频繁战争的背景下，对身处其中的军民而言，最现实的需求就是边境和平、百姓安居乐业。

其三，并未有直接证据表明官员参与重修、重妆，但是官员登临麦积山扩大了石窟的影响力，吸引了更多僧侣、信众礼拜瞻仰，维护这些受礼拜大佛的完整性也是重修、重妆的一大动因。

---

❶ 张锦秀. 麦积山石窟志 [M]. 兰州：甘肃人民出版社，2002：143.

❷ 同❶.

❸ 同❶146.

❹ 同❶151.

三、 重修、重妆洞窟分布与造像风格分析

自北魏以来，洞窟的开凿呈现出自下而上、从西崖向东崖发展的顺序。到了隋代，西崖崖面已经基本开凿完毕，因此在东崖开凿了大佛，又在北周时期的洞窟周围开凿了个别洞窟。

宋代麦积山石窟重修、重妆围绕东西崖大佛及其周边的窟龛展开。麦积山石窟现存的 221 个洞窟中，共有 54 个洞窟在宋代经过了重修、重妆。不同于前代的开凿方向与顺序，宋代以东西崖的两尊大佛为中心，对其周围的洞窟进行了重修（图 3.1）。

在明确了这一以大佛为中心展开的重修、重妆布局后，有必要对造像的风格、题材加以讨论。

对宋代造像风格的讨论多为抽象概括，近年来逐渐上升到理论化的层面。屈涛对第 4、9、11、13、43、50、58、90、98、100、127、131、165、191 窟的代表性造像进行了列举分析❶，但其研究偏向于感性的艺术评论。陈悦新从麦积山石窟宋代佛像着衣类型入手，对比了东西崖代表性洞窟的佛像着衣，指出：在年代方面，东崖的重修时间略晚于西崖；在艺术风格方面，麦积山宋代造像既有北方辽宋金时期的造型特点，又出现了一些南方地区宋代造像的面貌，且以南方两宋时期着衣特点居多。❷

在内容题材方面，主尊佛像、菩萨、弟子和供养人为重修的重点。值得关注的是，密宗的传播也影响了宋代的造像。魏文斌在《麦积山石窟的分期、造像题材与佛教思想》中简要列举了宋代的造像题材，典型造像有第 4 窟各龛内的主尊及胁侍像、第 11 窟的卢舍那佛像及八大菩萨、第 90 窟的三佛及二弟子像、第 100 窟正壁的大日如来像、第 133 窟的罗睺罗授记、第 165 窟的三观音及供养人像等。❸ 第 11 窟原为北周开窟，造像可能为七佛，重修后成为卢舍那

---

❶ 敦煌研究院. 2000 年敦煌学国际学术讨论会文集（石窟考古卷）[G]. 兰州：甘肃民族出版社，2003：406 – 436.

❷ 同❶.

❸ 魏文斌. 麦积山石窟的分期、造像题材与佛教思想 [J]. 中国文化遗产，2016（1）：30 – 42.

林泉积瑞

文化景观视野下的麦积山石窟价值阐释研究

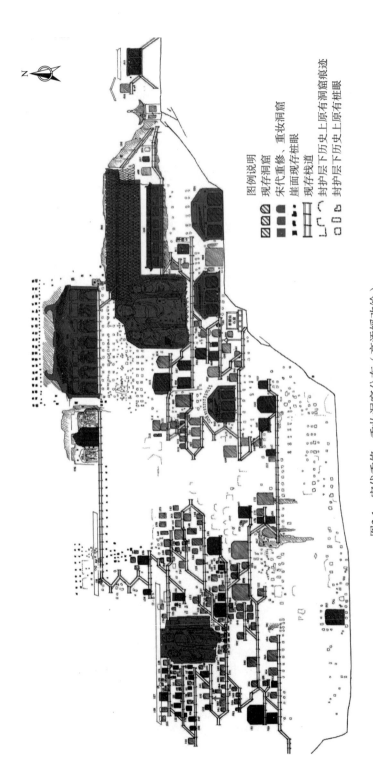

图例说明

现存洞窟

宋代重修、重妆洞窟

崖面现存桩眼

现存栈道

封护层下历史上原有洞窟痕迹

封护层下历史上原有桩眼

图3.1 宋代重修、重妆洞窟分布（高添媛改绘）

注：底图由麦积山石窟艺术研究所李西民绘

佛像及八大菩萨。有关这一问题，魏文斌和蒲小珊在《麦积山第 11 窟造像题材考释》中进行了考证。❶ 观音信仰在民间的兴盛反映在第 58 窟水月观音像中。高僧法秀之像出现在第 50 窟，表明受朝廷御赐法号的高僧也成为信众纪念的对象。

由此产生了新的问题：造像风格变化的动因是什么？造像的题材反映了什么诉求？因此，有必要考察宋其他地区、辽金夏控制地区的造像风格、题材，明确麦积山石窟宋代造像和它们之间的关系。

两宋时期，川渝地区成为继北方中原之后又一个佛教造像发达的区域，主要集中于大足、安岳两县，在江津、合川、巴中等地也有零星分布。❷《四川道教佛教石窟艺术》❸《中国石窟雕塑全集 7·大足》❹《中国石窟雕塑全集 8·四川重庆》❺《安岳石窟艺术》❻ 等书中收录了大量图像资料。麦积山宋代重修的佛涅槃像（第 1 窟）与大足县宝顶寺的明代涅槃像相似，或可借助判断第 1 窟造像的重修年代。此外，在河北正定隆兴寺、山西五台山等地区也有大量宋代造像。例如，麦积山石窟第 165 窟的供养人像与山西五台山的供养菩萨、山西晋城圣母殿的侍女造像就有相似之处。

辽、金佛教造像主要见于山西地面寺院和陕北石窟寺院，地面寺院造像以朔州崇福寺和大同善化寺为代表❼，《中国古代建筑·朔州崇福寺》《山西佛教彩塑》《中国寺观雕塑全集 3·辽金元寺观造像》《山西古代彩塑》《中国石窟雕塑精华·陕西钟山石窟》等书中收录了相关的图像资料。石窟寺院造像则以富县石泓寺、志丹城台、佳县龙泉寺与合水安定寺诸石窟造像为代表，初步研究成果已发表在相关考古报告中。❽❾ 在陕西钟山子长石窟出现了穿着螺旋形涡

---

❶ 魏文斌，蒲小珊. 麦积山第 11 窟造像题材考释 [J]. 考古与文物，2006（4）：86 - 92.
❷ 齐庆媛. 四川宋代石刻菩萨像造型分析——以服装、装身具与躯体形态为中心 [J]. 石窟寺研究，2014（1）：305 - 361.
❸ 胡文和. 四川道教佛教石窟艺术 [M]. 成都：四川人民出版社，1997.
❹ 李巳生. 中国石窟雕塑全集 7·大足 [M]. 重庆：重庆出版社，1999.
❺ 刘长久. 中国石窟雕塑全集 8·四川重庆 [M]. 重庆：重庆出版社，1999.
❻ 刘长久. 安岳石窟艺术 [M]. 成都：四川人民出版社，1997.
❼ 齐庆媛. 金代与西夏菩萨像造型分析 [J]. 故宫学刊，2014（1）：121 - 153.
❽ 员安志. 陕西富县石窟寺勘察报告 [J]. 文博，1986（6）：1 - 15，95 - 97.
❾ 董广强，魏文斌. 甘肃合水安定寺石窟调查简报 [J]. 敦煌研究，2010（4）：48 - 55，129 - 130.

卷铠甲的菩萨，这种着装的菩萨有护国利民、祈愿和平之功能，而在麦积山石窟第4、43窟中也出现了穿着盔甲的菩萨像，这种菩萨的功能与秦州地区战争频发的社会背景不谋而合。水月观音、密宗八大菩萨的题材也在这一时期的陕北地区出现。

通过初步考察宋辽夏金地区的造像，并将麦积山石窟宋代造像与各地典型造像进行对比，可以发现麦积山石窟宋代重修、重妆的风格与题材受到了北方辽宋金和南方地区造像的影响。

综上所述，北宋时期麦积山石窟的大规模重修、重妆，背后的原因是：官员与民众寄托精神信仰、渴望求取功德，僧人力求弘扬佛法、恢复与保持造像完整性，当地信众祈盼和平。不同动机的重修行为最终一起维系了宋代秦州地区佛教中心的神圣性。

第三节　明清秦州东南文化圈的人地互动

明清时期，秦州地区及麦积山石窟周边区域在军事、道路、国家政策、宗教管理方面都出现了一些变化，导致麦积山从西北国境线上的地方石窟遗迹转变为地方性风景名胜。

一、秦州的历史地理环境

秦州处于陇右地区，是西北边塞要地。元代统治者推行的行省制度、驿站制度等一系列措施使得秦州地区经济、文化得到恢复和发展。元末之际，陇右地区由于气候变化和土地的过度开垦不再富饶，生态环境逐渐变得恶劣，加之经常性的自然灾害与战争，该地区人口阶段性锐减，土地逐渐荒芜，百姓的生活日益艰苦。由于周边民族政权的压力，秦州作为西北边疆军事重镇的属性被官方强化，明清时期统治者在此设立了秦州卫。

（一）"边疆设卫"政策下的秦州与秦州卫

经过元末战乱、明末战争、清代"三藩之乱"，陇右地区人口阶段性锐减，土地逐渐荒芜。明清两朝中央政府通过移民、屯田等方式加强了对边疆的控制，以预防战争的爆发。自洪武二年（1369 年），大将徐达率军驻扎秦州后，秦州作为军事重地被官方重视，后在此设卫。《大明一统志》记载："秦州卫在州城内，洪武十五年建，辖千户所五。"❶ 在此设卫，可以看出明代秦州依然延续了重要的军事地位。

1. 秦州行政区划与军事密切相关

从明胡缵宗《重修秦州卫城楼记》碑中的记载，"国朝稽古建制，为秦州，为秦州卫，有城隶于卫，卫者，卫也。州曰牧内也，卫曰御外也"❷，可见明代秦州存在着行政体制与军事体制，分别为秦州与秦州卫。

张萍对《重修秦州卫城楼记》碑的解读认为秦州是州卫一体的城镇，且职能分别为日常行政管理与战争防卫、城池维护等。❸

秦州的政治地位是随着其军事地位而变化的。秦州范围逐渐扩大，所辖县增多。明代设四级行政区划，为行省、府、州、县。明代秦州隶属陕西行省巩昌府，所辖县为秦安、清水，成化九年（1473 年）秦州下增设礼县，同时分巡道陇右驻秦州。清代则为三级行政区划系统，以省、府、县和省、直隶州、县为主。清雍正七年（1729 年），秦州升为直隶州，直隶甘肃省，辖秦安、清水、两当、徽县、礼县五县。

2. 秦州卫的设立与职能

明代在西北边疆设立了众多府县卫所，如甘肃镇、宁夏镇辖大量实体卫所，也存在数量很多的非实体卫所❹，秦州卫就是其中之一。

设立秦州卫，是为了控遏"蕃族"，以达到边防安全。成化以来，北方蒙古族政权势力日盛，秦州卫主要策应陕西边境，预防"虏患"。❺ 清朝统治者也关注到秦州重要的军事地位，出于战时的需要，康熙初年陕西提督一度前往秦

❶ 李贤. 大明一统志 [M]. 西安：三秦出版社，1990：614.
❷ 刘雁翔. 上邽 天水 秦州——一座区域中心城市的建成历史勾勒 [J]. 天水师范学院学报，2015（1）：1–14.
❸ 张萍. 明清秦州城记所见城池管理的两个问题 [J]. 北京史学，2019（1）：103–113.
❹ 陈龙. 明代秦州卫考略 [J]. 天水师范学院学报，2022（4）：43–50.
❺ 同❹.

州驻防,并设游击将军驻守。直到清顺治年间,秦州卫被裁撤,但其在军事方面的重要性依然存在。

设立秦州卫也起到了管理"蕃族"的作用。秦州卫在明前期拥有与岷州卫、洮州卫等"西蕃诸卫"同样的管理"蕃族"的职责❶,这一点从秦州茶马司的设立也可印证。明前期为了怀柔秦州地方势力,会允许其来朝进贡,并赏赐物品。明中后期随着民族交融和人口迁移,秦州卫内的"蕃族"已经不能构成势力,因此其上述职能名存实亡。

(二)道路的变更对麦积山周边地区的影响

明清时期原有的陆上丝绸之路逐渐凋敝,海上丝绸之路逐渐繁盛。秦州作为陆上丝路沿线的重要节点,因国防政策的调整而阻塞,这也使得秦州的道路性质与路线发生了改变。明清传统道路的兴衰,尤其是陇蜀古道改道后的火站峪道兴起,影响了秦州东南方向的文化圈建设,也影响了麦积山石窟周边山区的发展格局。

1. 三条道路的路线与性质变更

明清时期共有三条道路与秦州相关:第一条是丝绸之路陇西段南路,通往青海,因国防政策阻塞而转为国内贸易路线;第二条为陇蜀古道祁山道,自西向东途径麦积山石窟,明清时期继续沿用;第三条为陇蜀古道改道后的火站峪道,自嘉陵江上游,通过永宁河水系,连通徽县、高邮与秦州,入口与麦积山、仙人崖、石门山的关系密切。❷ 图 3.2 所示为明清秦州道路变化示意图。

第一条道路为途径秦州的丝绸之路陇西段南路。受明清时期嘉峪关关闭的影响,道路阻塞,传统中西贸易停滞。在这种情况下,传统的中西方丝绸之路贸易转为国内商品贸易,而甘肃境内的道路更多地转向服务于省内外物资交流与人员往来。❸ 长途贩运与短途转运并起,形成了典型的区域交通。当时国内商人为保证行路之便,往往会参考《天下路程图引》与《天下水陆路程》。两

---

❶ 陈龙. 明代秦州卫考略 [J]. 天水师范学院学报, 2022 (4):43-50.

❷ 苏海洋. 陇蜀古道研究述评 [J]. 天水师范学院学报, 2019 (5):14-19.

❸ 张国藩. 明代甘肃的商路 [J]. 发展, 2013 (6):42-43.

书均记载了该条道路，此路基本沿丝绸之路陇西段南线即明代秦陇、兰秦驿道行进。如图 3.2 所示，该条道路由凤翔府出发，由关山路（另有寒衣关）经清水、秦州、甘谷、宁远、巩昌到达临洮，可见当时秦州国内贸易的繁盛。

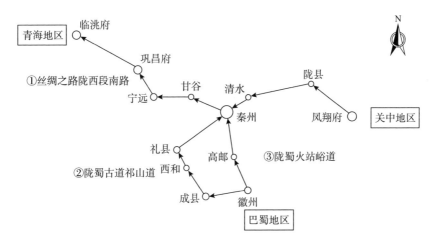

图 3.2　明清秦州道路变化示意图（高添媛改绘）

该道路也与青藏茶马古道部分重合，即从西安至临洮的路线。青藏茶马古道即以陇西走廊的临洮为起点，延续了宋代将蜀茶转运至陕西后沿青藏茶马古道销往吐蕃腹地的传统。明代在陇西走廊先后设置了秦州、河州、洮州、西宁、甘肃、甘州、庄浪、岷州等多个茶马司。清初沿用了明代的茶马贸易管理体制，并迅速恢复了因战争而中断的陇西走廊五茶马司，其中包括秦州。❶ 明代麦积山石窟碑刻中出现的陕西苑马寺卿官职也可佐证。借助国内贸易与茶马贸易政策，远在西北边疆的秦州经济得到一定程度的恢复与发展。

第二条道路为陇蜀古道祁山道，连接陇右地区与巴蜀地区。宋元时期的陇蜀古道为由宕昌寨经良恭（今甘肃省宕昌县南阳镇）、牛脊（今甘肃省礼县沙金乡牛尾关）到大潭城（今甘肃省礼县太塘），再由大潭经今龙林过西汉水到西和州（治今甘肃省西和县），由西和州经成州、河池（治今甘肃省徽县），越

---

❶ 刘礼堂. 青藏茶马古道视域下的陇西走廊民族关系探究［J］. 江汉论坛，2022（10）：95－105.

今铁山至兴州（治今陕西省略阳县）的路线。❶

第三条道路为新发现的火站峪道。宋代由河池经成州（治今甘肃省成县）、西和州抵秦州的茶马古道改由徽县经火站、高桥、白音峡通抵秦州。❷❸ 这是由于陇蜀地区发生了一次大规模的人口迁移，即"湖广填四川"。大量的湖广移民进入秦巴山地垦殖，使这里的森林遭到破坏。人口的增加和森林覆盖率的下降使西秦岭山地原来无法通行之地变为坦途。出于道路距离、经济效率的考虑，开辟了火站峪道。❹

由图 3.2 可以发现该道路主要途径嘉陵江的支流永宁河，永宁河发源于今天水市秦州区，由北向南流经徽县汇入嘉陵江，并临近渭水支流东柯河、永川河。火站峪道经过徽县、高桥、秦州，花庙河、高桥河均是永宁河的上游。该道路的开辟也加强了秦州与徽县的联系，到清雍正七年（1729 年），秦州升为直隶州时将徽县纳入所辖范围。新道路的出现可能扩大了秦州管辖的范围。

2. 道路的变更对麦积山中观区域的影响

明清传统陇蜀古道经过麦积山石窟附近，推测道路入口为麦积山西北侧。根据草滩村村民口述，陇蜀古道祁山道经过草滩村的村口，其相对位置为麦积山的西侧。从清代士人任其昌的描述中可了解麦积山当时部分道路的情况："由甘泉镇东行十余里，两山环绕，曰'狭门'。狭门尽稍平旷，突见孤峰侧立当路，左右无倚，形似农家麦堆。"可见，当时通往麦积山的道路为东西走向，且被群山环绕，路况已没落。20 世纪中华人民共和国成立之初的一段描写可以帮助我们更直观地了解麦积山的空间关系："麦积山在甘肃天水县东南九十华里（45 千米）。若由宝鸡去天水，在北道埠下车，直接前往，只有五十华里（25 千米）。经过马跑泉、甘泉寺两个小镇，沿着溪谷前进，进入峡门，山路蜿蜒，

---

❶ 鲁建平. 宋金时期西垂与河池的马盐交易通道——牛尾道、祁山道 [C] //张承荣，高天佑，蒲向明，等. "陇蜀古道——青泥道"学术研讨会论文集. 成都：四川大学出版社，2016：61 - 65.

❷ 曹鹏雁. 徽县通秦州古道与明代火站批验茶饮所 [C] //张承荣，高天佑，蒲向明，等. "陇蜀古道——青泥道"学术研讨会论文集. 成都：四川大学出版社，2016：36 - 42.

❸ 蒲向明. 丝路徽州至秦州茶马古道及其文学与文化遗存考察——以徽州—秦州茶马道火站界北段调查为中心 [J]. 档案，2018（10）：40 - 48.

❹ 苏海洋. 陇蜀古道研究述评 [J]. 天水师范学院学报，2019（5）：14 - 19.

愈升愈高，这是一条古代陇蜀交通的道路，通过秦岭高原便到四川。麦积山就矗立在这个一望无际的林区边缘。"❶

随着明清时期陇蜀古道改线，开辟了火站峪道，由徽县经高桥北上入秦，途经永宁河。永宁河支流在秦州东侧，位置上更接近仙人崖、石门山。永宁河的支流花庙河流经同属于秦州东南宗教文化圈的石门山，与流经仙人崖石窟的东柯河距离较近。这可能促进了同属于秦州东南宗教文化圈的石门山、仙人崖的建设与繁荣，导致了明清时期麦积山石窟的衰颓。

至今，麦积山的大致相对位置未发生大的改变。从地理位置看，麦积山距离天水城区不远，附近多有村镇，且就在广袤的森林边缘。对于麦积山而言，重要的地理坐标有天水市、马跑泉和甘泉镇。麦积山石窟周边目前已经成为一个相对封闭的景区，与古代陇蜀道路之间的关系不再明晰。

（三）秦州官方、寺院及民间信仰的发展与分布

在明清时期战争前线、经济萎靡、文化衰退等多重因素的影响下，秦州当地多元的宗教信仰快速发展。自元代以来，秦州地区便有多种宗教共同发展的趋势，佛教、道教、伊斯兰教交融发展，宗法性的传统祭祀活动（对象为天地、祖先、社稷、圣贤）也在该时期发展兴盛，主要体现在伏羲信仰、城隍信仰及贤良、方神信仰。❷

在空间上，明代以来，随着秦州宗教的发展，在秦州东南地区形成了佛道融合的宗教文化圈，总体上呈现出多元宗教共同发展的面貌，在麦积山石窟周边寺院及石窟中出现儒释道三教融合的现象。

明清秦州佛教大致可分为汉地传统佛教与藏传佛教，通过传世文物与题记可以考证麦积山石窟的瑞应寺以临济宗为代表。❸ 该时期秦州道教主要为全真道，以丘处机徒裔梁志通建立的玉泉观为代表。

秦州的宗教建筑不断吸引明清秦州士绅与市民于民间节日出行游览、朝拜，麦积山附近的仙人崖、石门山地区成为秦州地区各种教派活动与发展的中心。

---

❶ 天水麦积山文物保管所. 麦积山石窟资料汇编（初集）［G］. 天水：麦积山艺术研究会，1980：106.

❷ 刘吉兆. 从碑刻看明清时期天水的社会状况［D］. 兰州：西北师范大学，2020.

❸ 张铭. 麦积山瑞应寺明代住持慧莲考［J］. 大足学刊，2019（1）：141–154.

宗教的兴盛带来了宗教艺术的繁荣，出现了大量佛道题材的殿宇，也融入了道、儒和民间神话传说的内容，成为多元化宗教汇聚的场所。麦积山石窟一直是佛教圣地，当地也以发展佛教为主。

在官方的推崇与民间的信奉下，秦州地区宗教活动十分活跃。民间信仰主要指"普通百姓所具有的神灵信仰，包括围绕这些信仰而建立的各种仪式活动。它们往往没有组织系统、教义和特定的戒律，既是一种集体的心理活动和外在的行为表现，也是人们日常生活的组成部分。"❶ 这种方神往往与农业祈雨、百姓祈福密切相关。

秦州士大夫、百姓为寻求内心平和、神祇保佑，前往佛道名山、寺庙游览祈福，这些因素共同促进了明清时期天水东南方向的山区石窟空间的开发建设。

1. 初期官方对宗教寺院的管理

明清时期政府对佛教的政策变化从支持到整顿，后来政策失效，管理变得松散。洪武元年（1368 年）设立善世院，任命当时的高僧慧昙管理佛教事务，承袭元代既有的佛教政策。洪武十五年（1382 年）起加紧对佛教的控制，仿照宋制建立起一套全国性的佛教管理机构。❷ 僧司衙门分为中央与地方两级，中央设僧录司，负责监督僧众行仪与度牒考试等；地方上的府州县分设僧纲司、僧正司、僧会司，负责监管地方范围内的僧众。最高机构僧录司额设人数为八员，最高的品阶为善世，正六品，官阶并不高，且受到礼部的制约监管，可见明初对佛教控制之严。

明清时期官方对僧侣数量的控制是为了边疆政局稳定及保证农业人口数量，为此采取的措施为限制寺院数量与控制僧牒发放。

1）限制寺院数量方面。明初洪武二十四年（1391 年）命各州县只许保留大寺观一所，僧众集中居住，限各府不得超过四十人，州三十人，县二十人。规定男子非年达四十岁以上，女子非五十以上者不准出家。❸ 由于该宗教政策

---

❶ 赵世瑜. 狂欢与日常——明清以来的庙会与民间社会 [M]. 北京：北京大学出版社, 2017：11.

❷ 陈宝良. 明太祖与儒佛道三教 [J]. 福建论坛（文史哲版）, 1993（5）：40–46.

❸ 何孝荣.《明史·职官志三·僧、道录司》补正 [J]. 明史研究, 2010（1）：329–343.

的颁布，明初僧侣人数被寺院规模限制，然而至明中后期该政策名存实亡。

2）控制僧牒发放方面。僧牒是官方授予僧人正式合法身份的凭证。宋代中期开始僧牒由政府作为特殊商品售卖，元代部分继承了该制度。❶ 这种僧牒制度也称为"计僧鬻牒"。明洪武六年（1373 年）该制度被正式废除，普给天下僧人度牒。❷ 洪武十七年（1384 年）规定每三年发牒一次，考试通过者方可取牒。由于僧人数量日益增多，至永乐年间改为"五年一次"，至天顺二年（1458 年）改为"十年一度"。后考试制度流于形式。嘉靖年间需要纳银十两以获取僧牒，后改为六两。由此可见，僧牒制度由明代初年的考试制度转向牒买制度，并且僧牒价格不断下降。这导致明代中晚期僧人数量大幅增加，寺院数量也随之增加。清代僧牒制度前后也有巨大的变化，从纳银给牒制、师徒传牒制转变为官方无偿给牒制，以至乾隆三十九年（1774 年）僧牒制度被彻底废除，反映了官方对佛教态度的转变。"至乾隆时期，度牒亦废，盖以人丁归地，则不须报免牒役也"。❸

2. 明代中后期宗教发展失衡

总体来看，明清时期佛教走向衰弱，但仍有繁盛期。由于明代初期官方采取了强硬的宗教限制政策，对当时的秦州佛教发展形成了有效的控制。随着明中后期宗教政策失效，寺院规模持续扩大，僧侣团体数量不断增加。该时期秦州境内大型佛寺约有 40 处，其中比较重要的有会福寺（当时的官寺）、南山寺（今南郭寺）、香山寺、渗经寺（今马跑泉渗金寺）、甘泉寺、崇福寺（麦积山石窟下院）、瑞应寺（今麦积山石窟前寺院）、灵应寺（今仙人崖西崖寺院）、净土寺、新洞寺、佛空寺、大云寺等。❹

出于稳定政局及促进农业生产的考虑，明初政府严格限制僧侣数量，影响了僧侣团体的发展。

❶ 曹旅宁. 试论宋代的度牒制度 [J]. 青海师范大学学报（哲学社会科学版），1990（1）：52-56，61.
❷ 黄彰健，中央研究院历史语言研究所. 明实录校勘记·明太祖实录卷之三十六至七十七·洪武元年十一月至五年十二月 [M]. 北京：中华书局，2016：1419.
❸ 陈宝良. 明太祖与儒佛道三教 [J]. 福建论坛（文史哲版），1993（5）：40-46.
❹ 中国地方志集成·甘肃府县志辑 29·乾隆直隶秦州新志 [M]. 南京：凤凰出版社，2008：58-60.

明代中后期，僧人数量大幅增加，寺院数量也随之增加。当时麦积山瑞应寺为合法官寺，而崇福寺被称为麦积山石窟下院，朝阳寺被称为麦积山石窟上院，这可能是规避政府寺院管理政策的变通手段。❶

清代延续了僧牒制度，使得僧侣团体的数量有增无减。据记载，全盛时期清代管理秦州阖境佛事的僧官多达四五十人。清代嘉庆、道光、咸丰年间还曾多次在瑞莲寺、南郭寺、同仁寺等寺院为出家人或在家居士举行发放戒牒仪式。❷

明清时期人们对麦积山周边的宗教文化空间的利用可分为两个层面，总体呈现出从石窟崖壁本体向周围山体扩展的发展趋势。在佛教的历时性发展方面，麦积山石窟发展衰微，石窟山下的瑞应寺作为临济宗的正式禅院被政府认定为官寺，并在此举行水陆法会。石窟本身虽偶有重妆、重修，但格调不高、规模较小。在横向的空间利用层面，在秦州东南角山区形成了浓厚的宗教文化圈，仙人崖石窟石刻雕塑体现出民间信仰与佛教融合的趋势。仙人崖以东石门山道观群成为代表性的宗教文化场所。麦积山石窟作为佛教圣迹或寺院的影响力至清代已经衰颓，这一趋势与麦积山僧侣团体的衰落密切相关。

3. 民间信仰的对象与种类

民间信仰主要分为三类，体现在伏羲信仰、方神信仰及地方名人祭祀中。

相传伏羲为中华文化始祖，且"生于秦之成纪"，后"画八卦之台"于秦州卦台山。❸ 从明清两代重修伏羲庙的碑刻记载可以发现历代的重修者为秦州知州等官员及秦州士人、百姓。伏羲庙有着特殊的祭祀仪式与活动。❹

社神、方神信仰也在秦州兴盛。这种方神往往与农业祈雨、百姓祈福密切相关。出于对该地域内频发的水旱灾害的恐惧，官方和民间自发形成了对湫神的祭祀活动，并为其修建祠庙。❺ 此外还有秦州秦安县的圣母信仰。❻

对地方名人的祭祀活动受到重视，以杜甫为代表。明清时期对杜甫的祭祀

❶ 张萍，孙晓峰. 明代麦积山石窟相关史迹考述［J］. 天水师范学院学报，2014（3）：29 - 33.
❷ 中国地方志集成·甘肃府县志辑 32·民国天水县志［M］. 南京：凤凰出版社，2008：198.
❸ 刘雁翔. 天水金石文献辑录校注［M］. 西安：三秦出版社，2017：1.
❹ 杜婷. 天水伏羲祭祀仪式的文化内涵及其旅游策划［D］. 兰州：西北师范大学，2007.
❺ 马依娜. 明清时期陇东地区的湫神信仰与生态环境［J］. 珞珈史苑，2016（1）：205 - 235.
❻ 王茜. 甘肃秦安县圣母信仰研究［D］. 兰州：兰州大学，2019.

活动十分兴盛，这也反映了杜甫在秦州地区的文化影响力。明初在玉泉观修建李杜祠以祀李白、杜甫二人。明代万历年间，"同谷草堂"修缮，作《重修杜少陵祠记》碑。清代以后，"同谷草堂"屡加修缮。除了明代固定的春日祭祀传统外，当地还形成了仲秋定期祭祀杜甫的传统。❶ 清代还对上述草堂定期修缮维护，可见秦州对杜甫文化的推崇，这也反映在对麦积山石窟与杜甫关系的塑造上。

民间信仰种类多样，祭祀对象与仪式均不相同。秦州百姓对他们的崇拜具有一定的重合性，这不仅体现在祭祀空间的重合上，也体现为百姓会在不同时间参与多项民间信仰的祭祀活动。

二、 麦积山石窟相关群体的构成及特征

明代麦积山石窟被认为是秦州地区重要的佛事活动中心及秦州士绅游赏山水的重要场所。❷ 秦州士大夫与民众出于不同目的前往麦积山石窟，僧侣作为麦积山石窟的管理者也参与其中。下文将分别论述僧侣、士大夫及民众这三类群体的构成与特征。

（一）麦积山瑞应寺僧侣群体的构成与衰落

与麦积山相关的僧侣团体主要为瑞应寺的僧侣。作为官寺与正统临济禅宗的寺院，明清时期瑞应寺的地位有所恢复。瑞应寺在明清总体繁盛，但相比前朝仍呈衰弱的趋势。

麦积山石窟的瑞应寺经历元代地位下降后，在明清时期一直为秦州地区重要的佛教寺院。由于历史悠久、影响力大，麦积山瑞应寺成为该区域的合法官寺，统领周围小寺。从现存洪武年间木质僧牒雕版内容可以发现，麦积山瑞应寺是秦州官方认可的寺院，是僧人受戒之所和临济禅宗的道场。麦积山瑞应寺钟楼的明成化年间的大铁钟铭文中提及当时的秦州僧正司僧正普觉、僧吏普曜、秦州知州傅鼐、秦州卫都指挥使吴钟、瑞应寺住持等人。可见，明代瑞应寺在

---

❶ 刘雁翔. 杜甫陇上萍踪［M］. 兰州：甘肃教育出版社，2014：174.
❷ 张萍，孙晓峰. 明代麦积山石窟相关史迹考述［J］. 天水师范学院学报，2014（3）：29－33.

官方及佛教界享有一定的地位。另外，从瑞应寺旧藏的明代嘉靖至崇祯年间的大量写本经卷文书及同时期出现的大量题记可知该时期麦积山石窟与瑞应寺佛事活动的繁荣程度。

明代初年由于佛教限制政策的施行，秦州的佛教发展受到了较大限制。由于寺院数量限制，出现了"上院""下院"的称呼，僧人团体通过活用佛教政策与官方角力。例如，崇福寺为麦积山石窟下院，而朝阳寺为麦积山石窟上院，可能为规避政府寺院管理政策的变通手段。❶

瑞应寺在明代中叶以后正式成为临济禅宗寺院。临济宗为中国佛教禅宗五门之一，从现存的麦积山明代砖塔铭文内容"临济下二十三代佛照本禅师……"来看，至少在明正德九年（1434年）以前临济宗就已经成为瑞应寺的宗派。另外，明代两尊塔铭均提及临济宗第四代住持泰能、第五代住持能信的事迹与传承次序。麦积山石窟遗存有数量较多的文书、题记、碑刻及石塔、砖塔、铁钟铭文等资料，特别是对瑞应寺明代住持传灯录和僧人师承多有记载，现有明确的麦积山住持传承次序、法号及年代表。❷

清代以后，临济正宗从西安雁塔寺移锡至此，其后宗派传承清晰可查。❸这些材料是研究麦积山石窟明清两代佛教发展的重要资料，反映了麦积山瑞应寺在明清持续发展。

明清时期佛教具有世俗化的特点，受到佛教世俗化的影响，出现了僧侣戒律松弛、出家门槛降低的现象。明中后期佛教政策没有得到有效施行，出家年龄也逐渐放开。当时出家僧人来源广泛，基本涵盖了社会的各个阶层，主要来源于社会下层。❹ 以明代题记、碑刻中记载的慧莲住持为例，他便是在该时期出家并很快就担任了瑞应寺住持。麦积山石窟第4窟明天启六年（1626年）题记记载："慧莲一心□，佛上贴金舍马一（匹）……堆丝银……贴站佛二尊共一□□主佛菩萨……慧莲妻五人恩妻王氏郭氏郭（氏）……"从题记可知慧莲

❶ 张萍，孙晓峰. 明代麦积山石窟相关史迹考述 [J]. 天水师范学院学报，2014（3）：29-33.

❷ 张铭. 麦积山瑞应寺明代住持慧莲考 [J]. 大足学刊，2019（1）：141-154.

❸ 同❷.

❹ 李孔楠. 明代僧人群体研究 [D]. 西宁：青海师范大学，2009.

出家前有五位妻子，由"舍马一（匹）"进行佛像妆彩判断，慧莲家境殷实，具有购买度牒所需的经济实力，这也是他很快成为瑞应寺住持僧的原因之一。❶

（二）建设麦积山石窟的士大夫群体的构成与特征

明清时期秦州士大夫群体的身份有官员及乡绅、庠生。一方面，作为官员，外地士人调任秦州，无论是否因政治斗争被贬谪，都怀有一种忧愁、不安的情绪，陇右山川的苦寒荒凉及文化教育的落后使其心情悲凉。另一方面，士大夫群体具有游览、观赏自然山水的文化传统，受到明代中后期礼佛风气的影响，麦积山成为秦州士大夫群体登临观赏山水的场所。作诗观景、礼佛祈愿成为秦州士大夫群体的休闲娱乐活动之一。

1. 官员以外地调任为主，少有本地士大夫官员

秦州位于西北边疆地区，远离当时的政治中心北京。闭关锁国国策导致秦州道路阻塞、经济衰退，土地过度开垦导致该地区气候变得恶劣。南方士大夫群体大多将"为官陇右"视为畏途。❷ 游览自然山水与祈愿平安是秦州士大夫的心理诉求，因此他们对山水林泉的宗教圣地麦积山往往怀有复杂的心情。

明代秦州高级官员会前往麦积山石窟游览题诗或者参与佛教活动，官阶从正三品到正七品不等，可见该群体身份显贵。但到了清代，官员士大夫群体相对减少，可推测清代后期麦积山石窟佛教文化衰颓，重要的宗教地位与功能转移到了附近的仙人崖石窟与石门山道馆。

从官员的籍贯来看，大部分官员来自秦州以外地区，如山东、山西、浙江、四川等地，少有本地官员。明代秦州本地最有代表性的士大夫为胡缵宗，他是巩昌府秦州人，是明代著名学者、诗人与书法家。他编纂了《秦州志》与《秦安县志》，留下"南有香积寺，北有麦积山。仙人拾瑶草，白云相与还。"一诗描绘麦积山周围的景观。

从官员的驻地可发现大多数官员为秦州本地的驻官，仅有少量的官员因公因私前往麦积山。表3.1中出现最多的官职为陕西按察司巡陇右道佥事，为正

---

❶ 张铭. 麦积山瑞应寺明代住持慧莲考［J］. 大足学刊, 2019（1）：141－154.
❷ 张兵，冉耀斌. 清代旅陇诗人研究［M］. 北京：中国社会科学出版社, 2021：2.

五品，其驻地与秦州知州相同，均为秦州。从第 5 窟清水知县题记中可知其因公来访。"万历甲午孟夏，清水知县辛金因公游此，顿觉尘襟洒然。"❶

表 3.1　明清前往麦积山石窟的官员信息

时间	人物	时任官职	品阶
明成化二十年（1484 年）	傅蕭	秦州知州	从五品
明成化二十年（1484 年）	吴钟	秦州卫都指挥使	正三品
明嘉靖三十八年（1559 年）	甄敬	巡按陕西监察御史	正七品
明嘉靖三十八年（1559 年）	冯惟讷	陕西按察司巡陇右道佥事	正五品
明嘉靖四十三年（1564 年）	甘茹	陕西按察司巡陇右道佥事	正五品
明嘉靖四十三年（1564 年）	胡安	陕西苑马寺正卿	从三品
明隆庆元年（1567 年）	李筵	巩昌知府	正四品
明嘉靖四十二年（1563 年）	韩君恩	巡按陕西监察御史	正七品
明万历七年（1579 年）	王君赏	陕西苑马寺卿	从三品
明万历十八年（1590 年）	冯子履	陕西按察司巡陇右道佥事	正五品
明万历二十二年（1594 年）	辛金	清水知县	正七品
清道光元年（1821 年）	淡士涛	秦州知州	正五品

　　普通士大夫群体也会前往麦积山石窟游览观景，包括科举制度下的举人、秀才及其他地方士人。明末清初山西举人朱新靖"因闯贼逆变，避迹秦州麦积山，诗酒自适，日逍遥于松泉间，以终其身"。第 5 窟明崇祯三年（1630 年）题记记载："上邽庠生柳时畅、任氏、男生员柳□到此。"❷ 清代秦州地方士人董平章与幕宾游麦积崖、瑞应寺，并作诗记录行迹。❸

2. 乡绅修建地方名贤祠堂，促进了陇右文化的繁荣

　　元代秦州由于地理位置与国家区划设置原因，其军事地位并不突出，因此并未得到元统治者的重视。明清时期秦州虽为边境，但政局相对稳定，文化教育事业开始发展。

---

❶ 张锦秀. 麦积山石窟志［M］. 兰州：甘肃人民出版社，2002：146.

❷ 同❶147.

❸ 《清代诗文集汇编》编纂委员会. 清代诗文集汇编［M］. 上海：上海古籍出版社，2010：403 - 405.

　　明清时期，为了改变当地文化衰退的状况，秦州当地士人群体兴办学校，鼓励士子参加科举考试，培养了一批优秀的士人。根据统计研究，清代甘肃有书院 103 所，其中有 10 所为重建、重修前代书院，新建书院有 93 所之多。❶ 乾隆年间，山东籍官员牛运震在秦安县任知县时，捐俸设陇川书院，改变了该地的学风与文化面貌。清代宋琬兼任陇右学政，负责培养人才，聚集了当地一批优秀的士人，如秦州张惠之、冯虞卿和秦安胡汝荐等。❷

　　诗圣杜甫生前曾游历秦州。苏轼曾说："老杜自秦州越成都，所历辄作一诗，数千里山川在人心目中，古今诗人殆无可拟者。"❸ 秦州地区一直以来都有祭拜杜甫的地方文化传统，为其设立祠堂，举行祭祀活动，立碑铭记。明清诗歌"复古运动"的发展使得士人对唐宋诗歌极为重视。例如，清代初年钱谦益首倡杜甫"转益多师"，效仿唐诗格律，促进了"崇杜学杜"的社会风气。明清时期全国对杜甫的祭祀活动都十分兴盛，秦州尤甚。

　　杜甫曾在秦州寓居东柯谷，受杜甫"草堂文化"的影响，秦州地区新修的杜甫草堂数量众多。清代乾隆年间修建玉泉观杜甫草堂，光绪年间修建了南郭寺杜少陵祠。

3. 士大夫群体中有大量崇敬、信奉佛教的人员

　　明中期以后，礼佛饭僧、谈禅说佛成为士大夫群体生活的重要组成部分。"万历以后，禅风浸盛，士夫（士大夫）无不谈禅，僧亦无不欲与士夫结纳。"❹ 从麦积山现存明清题记、碑刻中可以发现时任秦州官员的墨书题记与诗歌碑刻。

　　明代成化年间的大铁钟铭文记载了这些官员的佛事活动。在铸钟铭文名单中，时任僧官列于秦州知州之前，可知在地方官员仍在出席重要的佛教活动。铭文提及了秦州僧正司僧正普觉、僧吏普曜、秦州知州傅鼐、秦州卫都指挥使吴钟、瑞应寺住持静渌等僧俗信众发心铸造铁钟的事迹。"……僧正司僧正普觉，諥印僧人｜隆寀，僧吏普曜，｜会福寺僧成戒、深厚｜……｜妙净、妙德、

❶ 陈尚敏. 清代甘肃书院时间分布特点成因分析［J］. 西北师大学报（社会科学版），2006（2）：68–73.
❷ 纪昀. 文渊阁四库全书［M］//许容，李迪. 甘肃通志 558 册卷四十. 上海：上海古籍出版社，2003.
❸ 惠洪，朱弁. 冷斋夜话·风月堂诗话·环溪诗话［M］. 北京：中华书局，1988：108.
❹ 陈垣. 明季滇黔佛教考［M］. 北京：中华书局，1989：29.

妙上｜……鞏昌府秦州知州傅霈｜同知张琰｜户房司吏张志通｜秦州卫指挥使吴钟、王文｜百户黄庆男黄永｜秦州卫舍人吴升……"❶ 但现存文字资料尚不能说明士大夫群体是否直接参与麦积山的佛教仪式或重修、重妆造像。

与此同时，明清麦积山也被认为是秦州士大夫游赏山水的重要场所。❷ 士大夫群体在观赏自然山水的同时通过赋诗题咏留下了诗碑等文化遗存，丰富了麦积山的文化内涵。由于这些群体共同的书写和传播，"麦积烟雨"景观被纳入"秦州十景"题名景观系统，为时人所知，麦积山也成为秦州民众游览观赏山水之地。

（三）民众群体的构成与特征

民众群体往往会受宗教团体、士大夫群体影响，又具备特有的民间信仰特征。明清时期于民间节日前往名山、寺院烧香祈福是百姓日常生活的重要组成部分。这项活动不仅满足了百姓的娱乐休闲与社会交往需求，也反映了宗教崇拜观念影响下的群体祈愿行为。正如明代小说所言，"一为积福，一为看景逍遥"❸。民众群体前往庙宇或名山或是为了祈愿积福，或是为了游览观景。

由于历史材料缺失，较难复原明清秦州民众的生活情况，在进行群体分析时，以分析麦积山石窟民众群体题记为主，主要分析其身份构成及游览目的。随着明清时期民众文化的兴起与发展，民众群体组成也变得复杂多样。与麦积山相关的民众群体，按照身份和职业可以分为普通百姓、军士及工匠，按游览目的可分为祈愿积福、游览观景及社会交往等。

1. 本地民众群体人员身份多样

从麦积山现存明清题记来看，与麦积山相关的军士较少，大多为普通百姓与工匠。

由于秦州卫有屯兵，军士出于佛教的宗教信仰前往麦积山石窟游览、进香。现存三则明清出现"秦州卫"的题记，如第 5 窟中龛左壁的明万历二十六年

---

❶ 张锦秀. 麦积山石窟志［M］. 兰州：甘肃人民出版社，2002：188.

❷ 张萍，孙晓峰. 明代麦积山石窟相关史迹考述［J］. 天水师范学院学报，2014（3）：29－33.

❸ 西周生. 醒世姻缘传［M］. 上海：上海古籍出版社，1985：972－979.

（1598年）题记："万历二十六年三月十五日，秦州卫□□□下军……信士高□。"❶

普通百姓也通过题记记录捐财积福的事件，且往往会加上重妆佛堂、重修造像的工匠、画匠之名，如第4窟的明天启元年（1621年）题记："施主□（恩）德大，重新□佛堂。善念感天地，造福自无疆。铁匠王化明，画匠侯□（荣）、侯相。"❷ 铁匠、画匠重修佛堂并留下题记积福。从麦积山现存明清题记来看，大部分百姓来秦州，也有少量来自山西太原、陇州梨林里（今甘肃省陇县梨林川）等地理距离相对较远的信众，可见明清时期麦积山的名气并不局限于秦州，也闻名于当时的西北地区。秦州隶属陕西巩昌府，明代下设三个县，即秦安、清水及礼县，清代加入两当、徽县。除了未标明身份来源的题记外，共有30多处来自秦州地区的百姓题记。

2. 以行会团体参与佛事活动

在参与宗教仪式或重妆、重修造像方面，百姓个人的力量往往不足，因此会结成民间行会组织，共同捐金施财重修、重妆寺院或石窟。其领头人被称为"会首"。僧人团体为了维护寺院及造像，往往会宣称布施行为会带来善果，吸引士大夫群体及普通民众组织成团体，参与"重修佛堂""妆彩贴金"等，并留下记录功德的题记或碑刻。例如，第4窟第6龛明崇祯六年（1633年）题记记载："大明崇祯陆年八月十伍日开工妆彩。贴金匠陇州梨林里侯家嘴居住信士侯荣、侯相弟兄二人，侄侯□（秋）印，三人十月二十妆贴工完满，吉祥如意。"❸ 第174窟明万历四十五年（1617年）题记记载："万历四十五年重建天桥，惠□，发心会首侯光道张氏、付□□石氏、□□□苗氏、张兴樊氏、李门马氏、陈孟宣李氏、刘进学杨氏、吕尚春。"❹

3. 朝山进香的民俗游览活动

朝山进香与游览观景是各群体前往麦积山的主要目的。虽然在这二者中起

---

❶ 张锦秀. 麦积山石窟志 [M]. 甘肃：甘肃人民出版社，2002：146.

❷ 同❶133.

❸ 同❶134.

❹ 同❶142.

主要作用的是僧侣团体与士大夫群体，但仍需关注民众群体的事件参与与文化改造。明清时期，朝山进香是民间百姓日常生活的重要组成部分，与时令节庆相关，参与人员众多。

据史料记载，每月的朔望与四月初八释迦牟尼诞日、元宵节前后，百姓会"假以烧香游山为名，出入寺观，亦有经宿或数日不回者"。❶ 民众通过在宗教场所烧香的仪式向宗教神祇"立愿"，若达成愿望也可以通过烧香"还愿"。这项活动不仅满足了百姓的娱乐休闲需求与社会交往需求，也反映了宗教崇拜观念影响下的祈愿行为。

普通百姓会以个人或家庭的身份在民间节日前往麦积山石窟或者周围的宗教场所游览观景。根据历史材料及口述史，可以推测秦州民众是由秦州出发，向东南方向经由甘泉镇，东行十余里，沿着溪谷前进，进入峡门，来到麦积山石窟。根据统计，现有明清时期麦积山题记中共有40多条游览题记。例如，第3窟明万历三十二年（1604年）题记为"万历三十二年五月，天水王永、蒲惟荐到此"。❷

民众群体多出于信仰祈愿与游览观景目的前往麦积山石窟，通过民间节日与民间信仰的方式影响其他群体，并丰富麦积山文化景观的文化内涵。

三、 秦州各群体与麦积山周边的文化互动

麦积山石窟位于秦州市区的东南角，其不可避免地会受到秦州历史背景及各群体的影响，不同的群体也通过其观念与行为作用于麦积山。以下通过梳理明清秦州相关文献、麦积山石窟题记、碑刻及相关宗教史迹说明当时的人地互动关系。

佛教是联系各群体的关键文化要素，在此基础上形成了不同的文化传统与文化事件。需要注意宗教文化与士大夫文化、民众文化是如何相互影响的。对于统治阶级来说，佛教具有安抚民心、巩固政权的作用；对普通民众而言，佛

---

❶ 陈宝良. 明代社会生活史 [M]. 北京：中国社会科学出版社，2004：516.
❷ 张锦秀. 麦积山石窟志 [M]. 甘肃：甘肃人民出版社，2002：142.

教是祈愿平安、保佑自身的存在；对于僧侣团体，佛教则是精神信仰与立身之本。对待宗教的不同态度影响了麦积山不同层面的发展。

（一）宗教活动与民间习俗

麦积山作为一个宗教文化空间，它所具备的宗教属性与文化内涵满足了僧侣与民众的精神信仰与文化需求，也满足了秦州民众出游和休闲的基本需求。由于明清传统社会中民众身份地位普遍偏低，且文化水平不高，往往难以留在文学作品或历史记载中，现存的遗迹多为与宗教相关的题记与史料。僧侣往往是宗教活动的组织者，而民众是活动的参与者，因此以下将僧侣、民众作用于麦积山的行为一同论述。

明清麦积山瑞应寺佛教法事活动繁荣多样，特别是举办水陆法会。水陆法会以"救度亡灵"为主要目的，兴起于唐末，宋代以来大盛，到了明清时期仍然非常兴盛。❶水陆法会的流程一般为首先建立内外坛场，然后依次举行各种仪式，随后建坛，邀诸佛"下凡降临"。例如，第 133 窟明万历三十五年（1607 年）题记内容为"□□仲王氏，万历三十五年奉水陆会到此"。

石窟造像、佛教建筑会受自然因素影响损坏，需要僧侣、信众捐财进行重妆、重修，这对麦积山石窟本体的文化遗迹延续起到了关键的作用。大部分的题记内容为"妆彩贴金"，即秦州民众以行会或家庭的形式参与麦积山石窟塑像的重修、重妆，以宗教信徒的身份积累善事，以求平安。根据统计，明清麦积山重妆了 18 个洞窟的塑像，维护了 13 个洞窟的壁画。❷信徒也会在僧人的带领下重修佛教建筑，如第 174 窟明万历四十五年（1617 年）题记记载："万历四十五年重建天桥，惠□，发心会首侯光道张氏、付□□石氏、□□□苗氏、张兴樊氏、李门马氏、陈孟宣李氏、刘进学杨氏、吕尚春。"另外也有清代的重修事件，如清嘉庆二十五年（1820 年）重建瑞应寺大殿，以及约在清乾隆十年（1745 年）重修了麦积山顶的舍利塔。❸

明清麦积山题记也反映了民间节日与习俗活动。普通民众往往是宗教信仰

---

❶ 侯慧明. 水陆法会的发展与演变考［J］. 法音，2022（6）：60-65.

❷ 张锦秀. 麦积山石窟志［M］. 兰州：甘肃人民出版社，2002：254.

❸ 张铭. 麦积山舍利塔及其发掘［J］. 中国文化遗产，2016（1）：43-47.

的参与者，在僧侣群体的组织下进行宗教节日活动。在现存的 109 条题记中，有 20 条题记是四月初八佛诞日前后所题，记载参与佛教法事，另有四则题记为正月十五元宵节所题。例如，第 140 窟明正德六年（1511 年）的题记明确提到了正月十五的"游百病"民俗，这是明清以来北方的传统民俗，在当天民众要去郊外出游，以祛病延年。农业在古代为民生之本，降雨的自然现象往往被民间信仰化，这一民间信仰也反映在麦积山石窟上。第 11 窟题记记载："大明嘉靖二十年三月二十一日，行香起（祈）雨，阮国治、杨世和到此。"这则题记也说明民间"湫神"信仰与麦积山原本的佛教文化相结合，具备了祈雨的功能。

（二）立碑缅怀杜甫及构建其与麦积山的关系

在秦州崇尚杜甫的社会风气影响下，明清两代士大夫通过文学作品、诗歌碑刻将庾信、杜甫等文化名人与麦积山联系起来。

登临山水游览的文化传统自六朝时期便已产生，特别是唐宋以来的游览观念对士大夫群体影响极大。唐肃宗乾元二年（759 年），杜甫流寓秦州，游览麦积山后写下《山寺》一诗，但诗文中并没有明确指出麦积山与《山寺》的内在联系。

宋代士人及民众阶层盛行游览之风。最早将麦积山石窟与《山寺》一诗进行联系的是宋代文人，宋代的《杜诗赵次公先后解》和南宋注杜大家蔡梦弼的《杜工部草堂诗笺》均引用了同一本方志文献《天水图经》来证明《山寺》所指就是麦积山❶。尽管《天水图经》一书已佚，但这一观点一直被后代的文人所认可和发扬。宋代《方舆胜览》记载"瑞应寺"一条："在麦积山。后秦姚兴凿山而修，千崖万象，转崖为阁，乃秦川胜境。又有隋时塔。杜甫诗：'乱石通人过，悬崖置屋牢。'"持续将麦积山与杜甫《山寺》一诗进行联系。

明代士大夫阶层也盛行游览、登临名山大川、人文古迹。明代大儒陈献章提倡山水之游，提出了"放浪形骸之外，俯仰宇宙之间。当其境与心融，时与意会，悠然而适，泰然而安。物我于是乎两忘，死生焉得而相干？亦一时之壮

---

❶ 平晓涛. 杜甫秦州诗《山寺》与麦积山石窟关系辨考 [J]. 大众文艺, 2010 (5)：151－152.

游也"。他认为游览山水可以将身心融入自然山水之中，置身物外，旷观远览，从而获得内心的平静与安宁。秦州士大夫受该文化传统影响，游览山水并赋诗刻碑。至明清时期"构建杜甫与麦积山的关系"这一文化事件仍在延续发展，构建的主体主要是明清时期的秦州官员。

明成化十九年（1483 年），秦州知州傅鼐主持重刻《老杜秦州杂诗》碑，其中就有《山寺》这首诗。碑面题额"老杜秦州杂诗"，刻杜甫陇右诗 36 首；碑阴题额"古今题咏"，刻杜甫陇右诗 13 首；另刻秦州知州傅鼐所题"秦州十景"诗 10 首。此碑为重刻，说明在此之前已有刊刻杜甫诗碑的情况。碑中记载："虽不敢比老杜之作，然其抚景书怀，亦足以识一时之盛。"可见明代士大夫群体在麦积山石窟依然遵循着重视山水林泉与人文景观，并赋诗刻碑的传统。

清代著名文人宋琬主持刊刻二妙碑于天水玉泉观内，集兰州肃王府所存《淳化阁帖》王羲之、王献之书法刻杜甫秦州诗，共 60 首。碑上有杜甫线刻半身像及宋琬所作《杜甫像赞》❶，可见清代文人对杜甫的缅怀与崇拜。

从麦积山现存明清诗歌碑文中也可以看出明清秦州士大夫对早期名家诗作的敬重与欣赏，他们通过在自己的诗歌作品中复现表达这种情感。例如，明代《甘茹诗》碑中有"地因庾碣重，寺以杜诗雄"；《冯惟讷诗》碑提及"千载庾开府，传闻此勒铭"；清代王宽《麦积山》一诗中有"寻幽探虎窟，为访杜陵诗"；《麦积崖图铭诗碑》中有"铭词不数子山妙，绝调阳春陇阪西"。这些诗歌碑文均表达了对南北朝诗人庾信与唐代诗人杜甫的诗作的崇敬，并将他们的作品与麦积山石窟全然联系在一起。明清文人通过各类杜诗注释及勘刻杜诗碑将麦积山乃至秦州地区与杜甫联系在一起，增加了麦积山的文化景观内涵。

（三）官员游览与题写麦积山

清代重视地方志的编修，以强调地域自豪感。地方志是以行政单位或行政区域为范围分门别类地记录自然、政治、经济、文化和社会的历史与现状的

---

❶ 刘雁翔. 诗圣甘肃行迹及相关文物古迹 [J]. 档案，2016 (6)：33 - 36.

"官书"。❶ 清代甘肃逐渐完成由"边地"向"内地"过渡的历史进程❷，因此地方志的编修不仅成为地方官员的政绩，还成为当地的重要文化事件。

明清两代均有秦州地方官员结伴同游麦积山的情况。从表3.2中可知，从明嘉靖三十八年至万历十八年（1559—1590年），共有七名秦州地方官员至麦积山并留下诗文碑刻，他们都时任秦州地区高级官员。甄敬在任巡按甘肃御史时曾和驻节秦州的巡陇右道佥事冯惟讷同游麦积山，留下诗歌并刻碑。现存明嘉靖三十八年《甄敬诗》碑、明嘉靖三十九年《冯惟讷诗》碑，二碑均置于瑞应寺大殿前廊。另有巡陇右道佥事甘茹与姚江胡安同游麦积山，作诗刻碑。现存明嘉靖四十三年的《甘茹诗》碑、《胡安诗》碑。同年重刻北周庾信《秦州天水郡麦积崖佛龛铭并序》，于《甄敬诗》碑的碑阴，冯惟讷题识，甘茹书丹。二者均为驻节秦州的分巡陇右道佥事，且甘茹为冯惟讷的继任者。

表3.2　明代前往麦积山的官员及其碑铭

同游年代	人物	时任官职	碑铭/题记
明嘉靖三十八年（1559年）	甄敬	巡按陕西监察御史	《甄敬诗》碑
	冯惟讷	陕西按察司巡陇右道佥事	《冯惟讷诗》碑
明嘉靖四十三年（1564年）	甘茹	陕西按察司巡陇右道佥事	《甘茹诗》碑
	胡安	陕西苑马寺正卿	《胡安诗》碑
明隆庆元年（1567年）	李筵	巩昌知府	《李筵诗》碑
明万历七年（1579年）	王君赏	陕西苑马寺卿	《王君赏诗》碑
明万历十八（1590年）	冯子履	陕西按察司巡陇右道佥事	《冯子履诗》碑

清代依然有地方官员同游麦积山的行为。例如，现存置于瑞应寺大殿前廊的《麦积崖图铭诗》碑，为清代秦州知州淡士涛与其好友吴江潘照、刘腾蛟、陈殿纶、牟照仑等人题咏麦积山的唱和之作。清代秦州地方士人董平章所编《秦州焚余草》中也记载了秋日同幕宾游麦积崖、瑞应寺，夜宿石门道院、登石门山的经历并题诗。❸ 可见，地方官员以文人士大夫自比，追寻古人"诗迹"，

❶ 陈郑云. 清代地方志中的学校考试书写与考试文化构建——以甘肃省为考察案例 [J]. 中国考试, 2022（10）：84-94.

❷ 甘肃新通志卷首：进呈表 [M] //西北稀见方志文献（第23卷）. 兰州：兰州古籍书店, 1990：2.

❸《清代诗文集汇编》编纂委员会. 清代诗文集汇编 [M]. 上海：上海古籍出版社, 2010：403-405.

有游历麦积山及其周围名胜的传统。

（四）"秦州十景"发展历程与空间分布

"秦州十景"分别为"天水盈池""麦积烟雨""伏羲卦台""诸葛军垒""南山灵湫""东柯草堂""渭水秋声""石门夜月""赤峪丹灶""玉泉仙洞"。在发展历程中，题名景观的名称与顺序、内容会发生变更。

"秦州十景"是受东方文化体系中特有的"题名景观"景观设计文化传统的影响而产生的。❶ 题名景观是古代中国特有的一种空间观念，往往以"八景""十景"居多，多为四字构成，且具有描绘时空的艺术效果。

从时间上讲，"秦州十景"的出现不晚于明成化年间，最早以碑刻形式出现，清代十景在原有基础上继承和发展，并刊录于地方志内。明成化十九年（1483年）秦州知州傅鼐主持重刻《老杜秦州杂诗》碑，以当时"秦州十景"为组景诗歌的标题各创作诗歌。❷ 清代"秦州十景"被记载于清朝历代的各版本地方志内，如顺治时期的《秦州志》、乾隆时期的《直隶秦州新志》及光绪时期的《重纂秦州直隶州新志》。其"秦州十景"具体景观选取、称呼略有不同，但变化不大，保留了大部分明代《老杜秦州杂诗》碑的"十景"（表3.3）。

表3.3　明清"秦州十景"的发展历程与更名情况

碑刻/典籍	年代	"十景"内容	更改命名	新增/删减
《老杜秦州杂诗》碑	明成化十九年	天水盈池、麦积烟雨、伏羲卦台、诸葛军垒、南山灵湫、东柯草堂、渭水秋声、石门夜月、赤峪丹灶、玉泉仙洞	—	—
《秦州志》	清顺治年间	天水盈池、麦积烟雨、伏羲卦台、诸葛军垒、南山灵湫、东柯草堂、渭水秋声、石门夜月、赤峪丹灶、玉泉仙洞	—	—

❶ 陈同滨，傅晶，刘剑. 世界遗产杭州西湖文化景观突出普遍价值研究［J］. 风景园林，2012（2）：68－71.
❷ 刘雁翔. 天水金石文献辑录校注［M］. 西安：三秦出版社，2017：264

碑刻/典籍	年代	"十景"内容	更改命名	新增/删减
《直隶秦州新志》	清乾隆年间	伏羲卦台、诸葛军垒、天水灵源、东柯草堂、玉泉仙洞、南山古柏、麦积烟雨、石门夜月、净土松涛、渭水秋声	"天水盈池"改为"天水灵源","南山灵湫"改为"南山古柏"	新增：净土松涛 删减：赤峪丹灶
《重纂秦州直隶州新志》	清光绪年间	伏羲卦台、东柯积翠、玉泉仙隐、渭水秋声、天水盈池、南山古柏、净土松涛、麦积烟雨、石门夜月、仙人送灯	"东柯草堂"改为"东柯积翠","玉泉仙洞"改为"玉泉仙隐"	新增：仙人送灯 删减：诸葛军垒

　　明清秦州士人选择既符合文人的山水审美，又与宗教遗迹、文化名人紧密关联的遗迹，形成了"秦州十景"。光绪年间地方志记载的"秦州十景"中，涉及宗教的史迹有"麦积烟雨""石门夜月""仙人送灯""净土松涛""玉泉仙隐""南山古柏"，有六处之多，另有地域文化"伏羲卦台"与人文景观"东柯积翠"，仅有两处为自然景观。从表 3.4 中可以看出，明清时期"秦州十景"有一个发展趋势，即由以自然景观、名人胜迹为主发展为以佛道遗迹、名人胜迹为主，清代更加强调人文景观特别是带有宗教色彩的佛道场所的选择。

表 3.4　明清"秦州十景"出现年代、位置与内涵

"十景"名称	最早出现年代	对应的地方景观或位置	相关内涵
天水盈池/天水灵源	明成化年间	天水市城南	自然景观
麦积烟雨	明成化年间	天水市城东南麦积山石窟	佛教遗迹/名人胜迹
伏羲卦台	明成化年间	天水市城北渭南吴家庄村卦台山	名人胜迹
诸葛军垒	明成化年间	天水市东城外岷山路南	名人胜迹
南山灵湫/南山古柏	明成化年间	天水市郊藉河南岸慧音山南郭寺	佛教遗迹/名人胜迹
东柯草堂/东柯积翠	明成化年间	天水市城东南东柯谷	名人胜迹
渭水秋声	明成化年间	天水市城北渭河分心石	自然景观

续表

"十景" 名称	最早出现年代	对应的地方景观或位置	相关内涵
石门夜月	明成化年间	天水市城东南石门山	道教遗迹
赤峪丹灶	明成化年间	天水市耤河右岸山崖老君庙	道教遗迹
玉泉仙洞/玉泉仙隐	明成化年间	天水市城北天靖山玉泉观	道教遗迹/名人胜迹
净土松涛	清乾隆年间	天水市麦积乡朱家后川村东净土寺	佛教遗迹
仙人送灯	清光绪年间	天水市城东南仙人崖石窟	佛道遗迹

从空间分布来看，明清"秦州十景"多数集中于渭河与支流耤河的沿岸，这与天水城市的起源也有一定的联系。《水经注》记载："上邽北城中有湖，水有白龙出，风雨随之，故汉武帝改为天水郡。"天水便是以渭河及耤河的流向营建发展城市，因此"秦州十景"地方景观会相对集中。其中，两处自然景观均与水系相关，分别为"渭水秋声"与"天水盈池"，其余地方景观均与佛道遗迹、民间信仰相关，特别是秦州地区特殊的伏羲文化也纳入"十景"中，即"伏羲卦台"（图 3.3）。

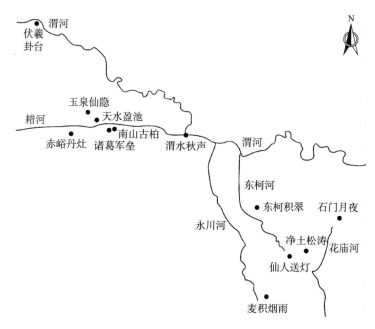

图 3.3　"秦州十景"地方景观分布示意图（陈孟轩改绘）

少量"秦州十景"远离天水市区，主要集中于城市东南角，如麦积山、仙人崖、石门山、净土寺、杜甫草堂等，这与佛教、道教最初选择山泉秀美、寂静深远的自然环境进行宗教活动有一定关系。需要注意，清代新加入的"仙人送灯"与"净土松涛"均位于此，可见天水市东南角具有宗教文化影响，也是士人、百姓游览山水的选择地。

（五）"麦积烟雨"建构过程

《肇域志》是明末清初顾炎武撰写的全国性地理总志，其中记载"麦积烟雨"道："其山天将雨即有雾，自牛堂石中溿出即雨，故曰麦积烟雨，天水第一佳境也。""天水第一佳境"的评价可见"麦积烟雨"的突出地位与影响力。

"麦积烟雨"作为"秦州十景"之一，它的产生需要什么样的自然基础？由谁建构？由谁持续作用发展？下文将从三个方面展开讨论，分别是"麦积烟雨"形成的自然条件、构建人群、构建过程和产物。

"麦积烟雨"的形成首先需要具备一定的自然条件。麦积山区域小气候湿润多雨且多云雾，由此形成了麦积山石窟隐于云雾的林泉胜迹。这一景观意象既符合文人群体自文人画中培养出的山水审美，又与麦积山石窟传统的佛教禅修胜地的意象相符。从地理位置和自然环境看，麦积山位于秦岭、贺兰山、岷山三大山系交汇处，处于生态过渡带，具有温凉半湿润的气候和复杂的地质地貌与土壤条件，以及独特、丰富的生物多样性。❶ 全年气候温和，日照充足，秋季湿润多雨。麦积山高约 142 米，相对于周围低矮的山丘，群峰环绕，一峰耸立，每逢阴雨连绵，麦积山便隐于云雾之中。麦积山前后被上河沟及后崖沟两河环绕，蒸腾作用为局部小气候补充了水气，为上述特殊自然现象的出现提供了可能性。这一局部小气候并非明清时期才出现，早在唐代就已有记载。杜甫秋季客居秦州，其陇右诗中多次出现了描写秋季秦州气候的诗句，特别是多次出现秋雨，如"涔涔塞雨繁"（《秦州杂诗》其十），"檐雨乱淋幔"（《秦州杂诗》其十七），"耕田秋雨足"（《遣兴三首》其三）等。这些诗句从文学角

---

❶ 陈昌笃，王庆田. 甘肃省麦积山景区——生态过渡带自然和文化遗产杰出范例 [J]. 生态学报，2007（1）：1－15.

度描绘了古秦州秋季多雨阴湿的气候，而"麦积烟雨"每年出现的时间恰是秋季，虽没有诗歌直接描绘麦积山石窟烟雨朦胧之景，但这一自然现象在唐代很可能就已经存在，只是未确定景观名称。

"秦州十景"题名景观的形成源于秦州士人的主观构思，很大程度上是出于"崇古访古"与艺术效果的考量，选择地方上既有的人文景观与自然景观，通过具有艺术效果的四字命名，组成"秦州十景"。在具体的地方景观选择中，地方士人阶层会有一定的侧重与偏好。麦积山石窟开凿于南北朝时期，由于初唐大地震，短期衰落，在唐人眼里为当时的宗教遗迹。相比于宋代大规模的重修、重妆活动，明清时期的麦积山石窟逐渐走向衰颓，在明代秦州士人及民众眼中为秦州地区重要的佛事中心及游赏山水的重要场所。❶ 在选择"秦州十景"地方景观时，地方士人偏向选择自然景观与人文景观的结合，特别是具有宗教色彩、名人胜迹的地点。麦积山是南北朝以来的宗教圣地，又被后人建构了与诗圣杜甫的关系，再加之其具有特色的云雾缭绕、阴雨绵绵的自然条件，因此被选为明清历代的"秦州十景"之一。

"麦积烟雨"在秦州地方志中很受重视。"麦积烟雨"最早出现于明成化十九年（1483年）《老杜秦州杂诗》碑中，后见于清康熙二十六年（1687年）赵世德纂修的《秦州志》。清乾隆二十九年（1764年）费廷珍、胡釴修纂的《直隶秦州新志》，清光绪十五年（1889年）余泽春修纂的《重纂秦州直隶州新志》，也均在"秦州十景"中提及"麦积烟雨"。如图3.4所示，光绪秦州地方志图版中刻绘了"麦积烟雨"图，图中绘有云雾缭绕下的麦积崖与瑞应寺，展现了特殊气候下的麦积山石窟景观。可见，编纂地方志的人非常熟悉这一景观特征，并命人绘制了"麦积烟雨"的线图。

"麦积烟雨"诞生之后，与不同群体产生了多样的文化联系，并出现了新的文化产物。《老杜秦州杂诗》碑记刻有傅鼐所作"秦州十景"诗歌，并记载道："虽不敢比老杜之作，然其抚景书怀，亦足以识一时之盛。"❷ "秦州十景"

---

❶ 张萍，孙晓峰. 明代麦积山石窟相关史迹考述 [J]. 天水师范学院学报，2014（3）：29-33.

❷ 陈冠英，刘雁翔.《老杜秦州杂诗》碑考析 [J]. 天水行政学院学报，2003（4）：61-64.

组诗会刻于杜甫诗碑碑阴，可见地方景观作为游览之地，为"一时之盛"，以及明代麦积山以山水林泉闻名于秦州士大夫与秦州民众群体。"麦积烟雨"正是淡墨设色、烟雨缭绕的山水审美的集中反映，这种自然景观成为明清秦州士绅游览麦积山的缘由之一。

图3.4　光绪《重纂秦州直隶州新志》所附"秦州十景"之一"麦积烟雨"图

从《冯子履诗》碑"雾锁攒峰新雨后"可获悉明代官员会选择特殊的自然条件登临麦积山，以观赏雨后起雾的"麦积烟雨"自然景观。对于"麦积烟雨"的具体文字表述，明嘉靖四十三年（1564年）《甘茹诗》碑记载："上界右为牛堂，堂纳雾占，阴雨盖出。"清代顾炎武《肇域志》也描述了麦积烟雨的具体情况："其山天将雨即有雾，自牛堂石中潨出即雨，故曰麦积烟雨，天水第一佳境也。"另有当地民间传说提及："众天神路过麦积山，被麦积山石窟殿宇的辉煌所吸引，不愿离去。因此，玉帝派人施展法术，让麦积山云遮雾障，终年烟雾迷漫。"❶ 可见"麦积烟雨"在当时为秦州地区士大夫、百姓所熟悉，

---

❶ 罗培模. 麦积山的传说［M］. 北京：中国旅游出版社，1991：1-2.

并创作了大量诗歌画作来刻画该自然景观。

明清以来，麦积山作为陇东南佛教中心的地位逐渐下降，只有零星游人在东崖上留下了零乱的刻画，麦积山附近寺院的宗教权威也丧失殆尽。由于缺少持续的供养，麦积山石窟逐渐成为隐匿在密林之中的荒山野寺。

第四节　小　结

麦积山石窟经过北朝和隋唐时期的营建，现存崖面已经基本开凿完毕。此后麦积山石窟一方面被视为宗教名山进行朝拜与维护，另一方面被视作名胜遗迹进行文化建构。这种人地关系建构不仅体现在石窟崖面上，也更多地作用于麦积山周围的地理空间，营造出秦州东南角的文化空间。

自隋代以来，麦积山山体被视作一处完整的宗教圣迹进行维护与持续利用。地方寺院受政治传统影响，在山顶、山脚建造舍利塔与寺院；民间利用地震、旱灾等自然灾害形成了麦积山当地"三泉"的传说。

两宋时期的秦州位于宋夏、宋金战场的前线，该时期麦积山石窟出现了大量重修、重妆活动，同时造像的风格与题材受到北方辽宋金和南方地区造像的影响。官员与民众为寄托精神信仰、求取功德，僧人力求弘扬佛法、恢复与保持造像的完整性，当地信众则为祈盼和平，不同动机的重修行为最终一起维系了宋代时期秦州地区佛教中心的神圣性。该时期也伴随有官员、士大夫群体游览题诗等文化行为。

明清时期，由于秦州道路变更、宗教政策调整、名胜游览兴盛等原因，麦积山石窟的文化空间从山体本体扩展到周围山区空间，影响远至仙人崖、石门山等宗教遗迹，形成了秦州东南文化圈。瑞应寺僧侣团体属于临济宗正宗，佛教法事兴盛，主导了大量的重修、重妆活动；士大夫群体建构强化了早期文人与麦积山的关系，并将"麦积烟雨"纳入"秦州十景"题名景观体系，突出了麦积山作为秦州地方名胜的地位；民众出于祈愿与休闲目的，于民间节日登临麦积山，留下了大量游览与重修、重妆的题记。

从文化空间范围的拓展和各群体的持续营建活动来看，麦积山石窟的人地关系持续发生着作用。秦州僧侣、官员、士大夫及民众与麦积山持续作用，将群体的特征文化与麦积山既有的文化传统结合，创造并充实了明清以后秦州崇拜杜甫的文化，丰富了麦积山石窟既有的价值认知。

20世纪：作为文物古迹的再发现

第四章

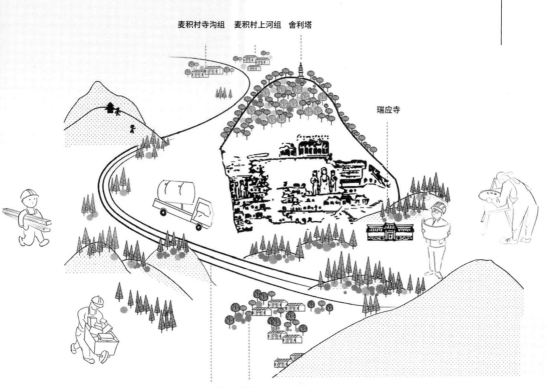

麦积村寺沟组　麦积村上河组　舍利塔

瑞应寺

上河组　校场

　　近现代以来，麦积山石窟再度进入公众的视野，人们对麦积山石窟的认识经历了一个从宗教遗迹到文物古迹的转型过程。

　　由于麦积山崖壁上的栈道残损，洞窟并未连通，无法展开系统性的考古学研究。在民族危机的时代背景下，崖壁上的佛像、菩萨像被画家、历史学家当作经典的单体雕塑作品，麦积山石窟也被誉为"雕塑馆"，目的是用来与西方艺术中的雕塑相抗衡，引发共同的爱国情感。麦积山本体的加固和栈道修复被当作一项重要而紧迫的工程。栈道连通后，麦积山才成为对公众开放的游览景区，也影响了人们对石窟性质的认识。

20 世纪 40 年代，冯国瑞先生再度发现麦积山石窟，进行了初步的勘察和记录，并为之振臂奔走。随后，学界对麦积山的认知经历了一个从宗教遗迹到文物古迹的转型过程。分析这一时期具有代表性的学者的学术思想与研究方法，能更深入地了解麦积山石窟作为文物古迹的价值认定过程，更全面地开展相应的文化遗产保护活动。这一时期参与保护活动的研究主体有哪些？不同学术背景的思想理论对他们的保护活动又有什么影响？

中华人民共和国成立后的麦积山石窟保护研究进一步发展，对于麦积山石窟的价值认知可分为三个阶段。受自然条件、交通状况及官方宣传等因素影响，不同阶段对艺术价值与历史价值的解读各有侧重，在这种价值认知的影响下构成了不同的人地互动关系，对麦积山石窟的认识逐步完成了从佛教遗迹到文物古迹的转型。在数十年来对麦积山石窟的认识转型的过程中，石窟保护及学术研究发展如何？在这几十年间的数次价值转变具体是如何完成的？这是本章重点关注的问题。

第一节　近代石窟保护意识兴起的背景

19 世纪下半叶，西方探险家将目光投向了中亚地区，掀起了一波来华探险的热潮，自 19 世纪 70 年代以来数百次到我国西北地区开展探险活动。伴随着这些探险活动而来的还有对文物的掠夺与盗取，以考古为名，用各种非科学的手段对遗迹进行破坏性挖掘。加上海外收藏市场的扩大，古董商贩意识到倒卖中国文物带来的巨大利益，进一步提高了在中国收购各类艺术品的频率，使得我国大量珍贵遗产遗失海外。与之相对，近代以来民国政府出台的多部文物保护法律条令、艺术家对敦煌莫高窟的保护经验，则为后续学者在麦积山石窟开展研究保护活动提供了参考。

一、西方收藏热的冲击

19 世纪下半叶来华的探险家大多是接受过西方现代审美教育的知识分子，他们将石窟寺中的文物视为艺术品或商品。尽管石窟寺及其内里的雕像、壁画等一开始是作为一个整体被佛教信徒修建而成的，并在后世成为佛教徒进行朝圣活动的宗教场所，但在西方探险家的眼中，石窟寺中的佛教造像、精美壁画及经卷文书的艺术价值远大于其他，疏于保护管理的石窟寺轻而易举地成为他们的探险地，其中的造像及壁画、文书也成为他们的"战利品"被带到西方，在东方佛教信徒眼中不可移动的神圣佛像变成了西方审美下的"中国古代雕塑艺术"、一种可流通的"艺术商品"。探险家与古董商贩将整体的造像破碎、拆分成一段段可流通的文物带到西方，欣赏其造型、线条、雕塑技法等。这些雕塑作为审美对象，在西方掀起了收藏热，博物馆与私人买家纷纷将目光投向中国石窟寺，意图获取更多的雕塑作为艺术品收藏。

这种来自西方的审美与收藏需求加剧了外来的探险家、收藏家及文物商贩等群体在中国的盗掠破坏行为，石窟寺内雕塑被破坏、壁画被盗剥的现象愈发严重。据冯国瑞先生在 1941 年初登麦积山考察后的记载，窟龛内随处都有残损坠地的残块与小件的造像，七佛阁内的壁画屡经盗剥，第 3 窟中东西两壁遭到的破坏尤为严重，在保护时需要特别注意。

二、 法律条令的颁布

我国古代素有金石学研究的传统，对文物的研究保护业已初步成型，但直到清末民国时期，对于金石学的研究仍以鉴别文物品相真伪为主，处于内陆腹地山林中的石窟寺更是缺乏足够的社会关注与明确的保护意识。西方探险家与文物商贩对中国文物的暴力破坏让中国的一批学者认识到文物立法保护的重要性、科学考察和保护石窟寺的紧迫性与必要性，他们率先投身到石窟寺保护的活动中。

康有为、梁启超、章太炎等名家学者纷纷撰文呼吁保护古物古迹，使社会各界意识到文物的价值。来自国内外各方的舆论压力使政府出台了第一部文物保护相关的法律条例——《保存古物推广办法》。这部于 1906 年由清政府颁布推行的法律虽然在很多方面存在不足，且未能大规模推广，但却是中国近现代第一部关于文物保护的法律，拉开了历史的序幕。

除了法律层面，在学术和价值认识层面这一时期也有了新的拓展。1917 年 4

月 8 日，蔡元培在北京神州学会发表演讲《以美育代宗教说》。在"美育代宗教"正式提出前的 1916 年有两个特殊的契机：一是第一次世界大战时中国与协约国的合作，二是宪法审议会关于孔教应否立为国教的争论。蔡元培"美育代宗教"的文化主张受到这两个事件及其连带的历史进程的影响。这不仅是他对学术学理的思考，也包含了对民族、国家的时代思考。石窟寺作为历史上的宗教场所，保存了历代精美的宗教造像，最适合进行"美育代宗教"的认知转化。

民国政府针对建筑、寺庙、遗址等不可移动文物专门制定了法律条例。例如，1921 年 5 月北洋政府颁布《管理寺庙条例》，制定《著名寺庙特别保护通则》，将保护"著名丛林及有关名胜或形胜之寺庙"的责任交给地方政府，亦对"寺庙及其附属各处所有古物、古迹及建筑物"、"建筑、雕刻、绘画以及其他属于美术者"和历代名人遗迹有所关注。在 1928 年国民政府内政部颁布的《名胜古迹古物保存条例》中规定按照建筑类、遗迹类和湖山类对名胜古迹进行分类保护管理，并公布了《寺庙登记条例》，为石窟寺一类的宗教文化遗产地的保护提供了法律支撑和管理参考。

1930 年国民政府颁布了《古物保存法》，它是民国时期制定、公布和实施的层级最高、内容比较全面的古物保护的重要法规[1]，其中对于"古物"的概念进一步明确，指出"古物"是"指与考古学、历史学、古生物学及其他文化有关之一切古物而言"，将现今的可移动文物与不可移动文物都包含在内。1935 年中央古物保管委员会颁布的《暂定古物范围及种类草案》又将"古物"具体分为十二类：古生物、史前遗物、建筑、绘画、雕塑、铭刻、图书、货币、舆服、兵器、器具、杂物。

20 世纪 30 年代及之前颁布的各种文物保护法令及后续补充条文的颁布促进了文物保护专门机构的建立，使得我国的古物古迹保护思想在探索中萌芽发展。

三、 早期学者、 艺术家对石窟的关注

与此同时，一批学者深入西北地区，开启了对石窟的科学考察活动，并在

---

[1] 李晓东. 民国文物法规史评 [M]. 北京：文物出版社，2013：114.

尝试和探索中开展了保护工作。

1930 年，梁思成在授课过程中接触到大量外国学者编撰出版的石窟资料，这些资料引发了他的反思，自云："著名学者，如日本之大村西崖、常盘大定、关野贞……具有著述，供我南车。而国人之著述反无一足道者，能无有愧?"❶ 在这种情绪的推动下，梁思成在中国营造学社成立初期便直赴大同，考察云冈石窟的建筑形制及风格特色。抗战爆发后，他又对西南地区的摩崖石刻进行了深入的考察研究，并撰文记述考察成果，提高了大足石刻等摩崖石刻的知名度，较早地开展了石窟寺保护工作。

1935 年，尚在法国学习美术的常书鸿意外接触到敦煌石窟的相关资料，深入了解后便被敦煌石窟的艺术所吸引，激发出无限的爱国热情与民族使命感，为日后专心从事敦煌莫高窟保护研究工作埋下了"种子"。回国后，得到梁思成与徐悲鸿鼓励的常书鸿在听闻成立敦煌艺术研究所后便风雨兼程赶至敦煌赴任，随后又经历了资金短缺、家庭矛盾等种种困境。1945 年 7 月，国民政府突然宣布撤销敦煌艺术研究所，将工作移交敦煌县政府，幸有董必武、周恩来、郭沫若等中共领导及文化界人士在参观千佛洞壁画摹本后致信表达赞扬，使得常书鸿等工作人员重燃信心，继续在风沙中坚守数十年，持续进行石窟保护工作。

19 世纪末至 20 世纪 30 年代这一阶段是我国文物保护的萌芽阶段，无论是来自西方暴力掠夺的压力，还是中国学者民族使命感推动下自发考察的内驱力，都使我国的石窟保护理念开始萌芽。这一时期开展的石窟考察保护活动为后续学者的工作奠定了基础，也是冯国瑞在考察麦积山石窟时重要的同类学习案例。

第二节　麦积山石窟相关主体分析

由于地处山林之中，交通不便，当地佛教中心转移到城市，加之战乱的影响，麦积山在近代渐渐淡出公众视野。因此，相较于其他三大石窟，麦积山石

---

❶ 梁思成. 梁思成全集（第一卷）［M］. 北京：中国建筑工业出版社，2001：59.

窟的保护起步稍晚。直至陇上学者冯国瑞开辟麦积山研究的先河，其在 1941 年发表的《麦积山石窟志》让麦积山石窟真正显扬于世，得到重视与保护。正如刘文炳教授所言："唯秦州麦积山石窟之有志，则自天水冯公仲翔始。"❶

一、 冯国瑞的石窟保护思想启蒙与研究方法

尽管 1915 年❷日本学者大村西崖曾在《支那美术史·雕塑篇》中引用了庾信的《秦州天水郡麦积崖佛龛铭》，使大都督李充信在天水麦积山兴建七佛龛一事在海外传开，但这一记录作为大事记出现，记述简略，并未引起人们对麦积山石窟的重视。直至 1941 年，冯国瑞与友人实地考察麦积山，并将考察成果撰成《麦积山石窟志》刊印发表，吸引了名家学者纷纷前来考察，迈出麦积山石窟研究与保护的第一步。

冯国瑞与其他当地学者曾向天水行署建议成立麦积山石窟整修委员会，协助政府整修麦积山石窟并管理具体的财务、事务、修建计划等。参与组建委员会的学者及相关工作人员来自天水行署、天水县政府、甘泉区公所等机构。但是行署考虑到委员会由多方面人员构成，且相距较远，信息沟通多有不便，因此放弃成立麦积山石窟整修委员会。

（一）考古学理论的学习

冯国瑞既有金石考据的旧学基础，又接受了新兴考古理论等新学教育，其在考察麦积山石窟的过程中便将二者融会贯通，灵活运用。身为天水籍学者，冯国瑞在启蒙教育时期便在乡贤的指导下接触到诸子百家，习经史文辞，为其古文、史学素养奠定了坚实的基础。其在东行求学期间先后在东南大学和清华学校国学研究院受业于名师，对于古文典籍、金石考据有了进一步的认识，更是在这一时期接触到新兴的考古学理论与方法，为后来的麦积山石窟考察活动打下了重要的理论基础。

1926 年，冯国瑞从东南大学毕业后复考入清华学校国学研究院（后改称清

---

❶ 王锷. 冯国瑞先生在甘肃石窟艺术研究中的贡献 [M] //中国人民政治协商会议，甘肃省委员会文史资料委员会. 甘肃文史资料选辑（第 37 辑）. 兰州：甘肃人民出版社，1993：23.

❷ 一说 1917 年。

华大学国学研究院），时年梁启超、王国维、赵元任、陈寅恪、李济等一批国学大师执掌教席。冯国瑞在清华求学期间师从梁启超。《冯国瑞藏梁启超手札》自序提到："民国十五年，瑞应试于上海，旋录取北上，八月到校，授业于任公师，赏揽至深。"❶梁启超亦对冯国瑞较为器重，冯毕业时，梁启超专门去信给薛笃弼（时任国民政府甘肃省长）举荐冯国瑞："冯君国瑞，西州髦俊……其学于穷经解诂为最长，治史亦有特识。文章尔雅，下笔千言。旁及楷法，浸淫汉魏，俊拔寡俦。此才在今日，求诸中原，亦不可多觏。百年以来，甘凉学者，武威张氏二酉堂之外，殆未或能先也。"短短一年的学习时间，冯国瑞获益不浅，自云："知道用科学方法整理国故，用地下发现考证历史。"冯国瑞此时才接触到真正意义上的考古学，认识到考古学对于历史学的重要性，这对他日后在石窟遗存及出土文物方面的发现与研究产生了关键性的影响。

据冯国瑞门生自述，冯国瑞在授业时常提到梁启超的治学方法，即"同中观异，异中观同"，运用归纳法、统计法，将"鸟瞰"与"解剖"相结合。❷在研究麦积山石窟的过程中，冯国瑞也熟练地运用了这种方法。他在考据、研究大量史料后将中国的石窟艺术与西方的建筑进行综合比较，认为麦积山石窟的建筑可与希腊的巴特农神庙相提并论，"西人盛赞希腊巴登农之石质建筑物，以为'石类的生命之花'，环视宇内，麦积石窟，确为中国之巴登农"❸，对麦积山石窟的艺术价值给予了相当高的评价。

（二）"二重证据法"的应用与拓展

1941 年，冯国瑞与友人在农历四月初八庙会前一日自城内出发，动身前往城外的麦积山。在其《天水麦积山石窟介绍》一文中，他自述当时采用"对证古本"的方式寻找古迹，抄录碑文，勘察地理环境，并对洞窟做了编号（共122 个），发现了以前未有人谈到的壁画。❹

---

❶ 孟永林. 梁启超致冯国瑞、薛笃弼手札及题跋［J］. 民国档案，2012（3）：50.

❷ 张举鹏. 冯国瑞学行简述［M］//天水市政协文史资料委员会，麦积山石窟研究所. 天水文史资料（第十五辑）. 兰州：兰州大学出版社，2010：99.

❸ 冯国瑞. 麦积山石窟志［M］. 天水：天水报社印刷厂，1989：27.

❹ 冯国瑞. 天水麦积山石窟介绍［G］//麦积山石窟艺术研究所. 麦积山石窟研究论文集. 兰州：甘肃人民出版社，2006：4.

从应用角度来看，这种"对证古本"的考察方式是对王国维在 1925 年提出的"二重证据法"的拓展延伸。"二重证据法"是王国维在清华学校国学研究院讲授《古史新证》时首先提出的研究方法：

> 吾辈生于今日，幸于纸上之材料外，更得地下之新材料。由此种材料，我辈固得据以补正纸上之材料，亦得证明古书之某部分全为实录，即百家不雅训之言亦不无表示一面之事实。此二重证据法惟在今日始得为之。❶

结合王国维本人的治学经历不难发现，"二重证据法"是王国维在研究了大量殷墟甲骨、西北简牍、敦煌文书等"地下之新材料"之后提出的治史方法，是对当时学界盛行的"疑古"思潮的回应与反驳。"纸上之材料"指的是千百年来流传延续的文献史书，"地下之新材料"则是经由考古出土发现的甲骨文字、金文、简牍等实物材料。而后，随着研究的深入，学界对于"地下之新材料"的定义进一步延伸，拓展至种种考古文化遗存，而不是仅囿于甲骨文与金文。

在前往麦积山石窟进行实地考察之前冯国瑞曾受邀参与编修《天水县志》，在编修地方志的过程中冯国瑞接触到大量珍贵的一手史料，对于麦积山的地理位置及历史沿革也有了进一步的了解。1939 年，冯国瑞在天水参与编写《天水县志》时就注意搜集有关麦积山的资料。1940 年，他由重庆回到故里和朋友整理地方文献，收集到不少关于麦积山的资料，由此产生实地考察之意。此时，他对于麦积山的"纸上之材料"已经积累了相当一部分，在实际考察的过程中，他将眼前所见之景与史料中提及的麦积山一一对应，寻找古迹，利用史书典籍考证其发展过程。在《麦积山石窟志》中，冯国瑞援引《史记》《太平广记》《方舆览胜》中的文字记述考证麦积山石窟的修凿历史，并结合考察过程中记录的碑文内容与实地观测所得数据对《法苑珠林》《太平广记》中的描述不可靠之处一一进行纠正。全书各章论述共引用历史文献资料达 36 种之多，对于寂陵及上七佛阁的考证更是极为严密，将文献与实物材料融汇结合，将"地下之新发现"的领域拓展至深林中荒芜许久的石窟寺，拓宽了"二重证据法"

❶ 王国维. 古史新证——王国维最后的讲义 [M]. 北京：清华大学出版社，1994：2-3.

的应用领域。

生逢乱世的冯国瑞在北京求学后便毅然返回甘肃，致力于为西北文化做出贡献。作为 20 世纪以来麦积山石窟研究的第一位拓荒者，他率先登临麦积山进行勘察，出版第一部研究专著，亦是麦积山石窟保护工作的第一位呼吁奔走者。这些贡献除彰显出冯国瑞精妙深厚的学术水平，更体现了冯国瑞对于文物、对于民族和家乡的热爱之情。冯国瑞让麦积山石窟从荒山野林中"活过来"，他的研究填补了中国石窟艺术与文化研究的空白，也确立了麦积山石窟的地位，为中国石窟艺术做出了巨大贡献，其学识与精神都值得后人学习。

二、 其他麦积山石窟相关学术团体

在冯国瑞《麦积山石窟志》发行后，学界开始将目光投向这座隐匿在密林之中的佛窟，亦有学者进行实地探访研究，自 20 世纪 40 年代至中华人民共和国成立前夕就有艺术家王子云、美术史学家李浴、考古学家阎文儒等人先后自发前往麦积山石窟考察，撰写研究文章，摄制图片资料。中华人民共和国成立后，国家意识到文物保护的必要性与紧迫性，先后组织了更大规模、更专业化的考察活动，常书鸿带队的西北考察团与吴作人带队的麦积山勘察团都曾先后前往麦积山开展考察活动，从事保护工作。这些学者或学术团体的宣传保护活动为现今麦积山石窟的研究积累了丰富的资料，肯定了麦积山石窟的历史与艺术价值，也为麦积山石窟后续管理机构的建立及研究保护活动的开展打下了基础。图 4.1 所示为 20 世纪 40—50 年代麦积山石窟主要考察人物及学术团体。

（一）西北艺术文物考察团

西北艺术文物考察团于 1940 年成立，是抗日战争时期由国民政府教育部组建的一个针对西北各省艺术文物进行调研的学术考察团体，由留法归国艺术家王子云组团并担任团长，以文字记录、测绘、写生、模铸、拓印、临摹等田野调查方法对西北古代艺术史开展基础性研究。1943 年王子云曾携团队考察麦积山石窟，但由于栈道破败损毁，大部分洞窟未登临。考察团绘制了麦积山石窟全图，对东崖登临之处的刻石进行了拓印拍照，之后行文报告了国民政府教育部。甘肃地方政府迫于文化界抢救麦积山石窟的呼声，命天水中学校长范沁勘

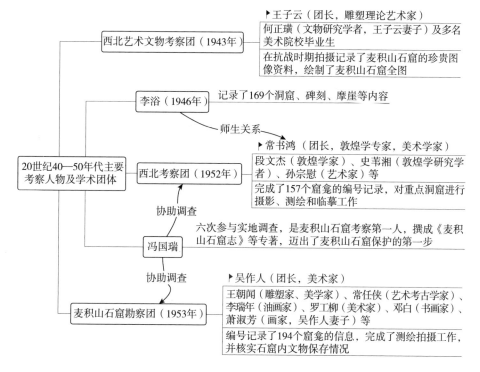

图 4.1 20 世纪 40—50 年代麦积山石窟主要考察人物及学术团体

察石窟，提出保管办法，但碍于时局，没有施行具体的保护措施。❶

（二）李浴的个人考察活动

1946 年❷，李浴受老师常书鸿所托，自敦煌出发，沿途考察石窟寺，麦积山石窟便是其行程中的一个重要地点。在考察过程中，他将石窟编号从冯国瑞1941 年记录的 122 个更新至 169 个，并撰成《麦积山石窟调查报告》，记录编号考对与石窟内部文物内容。但由于种种原因，该调查报告自成文之日起一直未公开发表，学界提及此文大多简要转述。直至 2017 年，其影印照片收录于"陇右稿抄本文献丛书"（第一辑），其完整内容才得以见于世人。该调查报告全文共一万余字，分为洞窟编号考对、洞窟内部要素考对、碑刻及部分洞窟测量数据考对三部分。

---

❶ 麦积山石窟艺术研究所. 麦积山石窟文物工作七十年［M］. 北京：文物出版社，2018：14.
❷ 亦有 1945 年和 1947 年之说。

（三）西北考察团

1952 年 9 月中旬，由中央人民政府文化部组织中央美术学院、西北军政委员会文化部、敦煌文物研究所三个单位组成考察团，对永靖炳灵寺进行了首次勘察。考察团 9 月底返回兰州后，冯国瑞先生建议，利用此次调查的人力对麦积山石窟进行考察，常书鸿任团长。考察团从 10 月中旬至 12 月 1 日，历时 40 余天，对重点洞窟进行摄影、测绘和临摹，共发现石窟 157 个，并进行编号。这是麦积山石窟有组织勘察工作的开始。此次勘察勘察报告并未对外刊发，但在《文物参考资料》上发表了《西北文化部完成麦积山石窟勘察工作——发现具有民族风格和高度艺术价值的雕像和壁画》一文。此次考察积累了大量资料，是次年中央勘察团的工作前奏。❶

（四）麦积山石窟勘察团

1953 年 7 月初，文化部社会文化事业管理局郑振铎局长亲自组织麦积山石窟勘察团进行进一步的勘察研究，团长是吴作人。此次考察是为了进一步了解麦积山石窟文物及其保存情况，也为后期的保护管理提供基础资料。考察持续了一月有余，在考察之后撰成了《麦积山石窟勘察团工作报告》和《麦积山石窟勘察团工作日记》。研究者们编录的《麦积山石窟内容总录》共录编 194 个窟龛，新增窟龛 37 个，每个编号洞窟均涉及窟形、时代、建筑、造像、壁画、题记等，有 10 多个窟只给出了编号，窟内情况因无法登临而不明。此次编号一直沿用至今。勘察成果发表后，国内外研究古代佛教艺术、古代雕塑史和美术史的学者高度关注，勘察团的成员也在考察后根据一手资料对麦积山石窟的雕塑与壁画的艺术风格进行了探析，撰写了相关文章，包括王子云、常任侠、周石在、刘开渠等。需要注意的是，这些文章对麦积山石窟艺术的阐释比较简单，以概括或介绍为主，这也是 20 世纪 50、60 年代麦积山研究初创阶段的论文所具有的共性。❷ 图 4.2 所示为 1953 年麦积山石窟及瑞应寺外景。图 4.3 为 1953

---

❶ 董广强. 70 年麦积山石窟文物保护探析［J］. 遗产与保护研究，2018（3）：44.

❷ 麦积山石窟艺术研究所. 麦积山石窟研究论文集［G］. 兰州：甘肃人民出版社，2006：24–42.

年由文化部组织的麦积山石窟勘察团留影。❶

图 4.2　1953 年麦积山石窟　　　图 4.3　1953 年由文化部组织的
　　　及瑞应寺外景　　　　　　　　　麦积山石窟勘察团留影

　　1953 年 10 月，麦积山文物保管所（以下简称"文管所"）正式成立。在文管所正式成立前，中央人民政府曾要求甘肃省文化局和天水行署建立专业保管机构，以配合中央勘察团（麦积山石窟勘察团）的考察活动，做好前期准备工作。

　　勘察团完成考察后与天水行署进行了座谈，完成了文管所的具体人员安排及待遇确定并报省文化局。文管所成立后得到了政府的专项拨款，用于整修栈道、瑞应寺大殿、天王殿和双玉兰堂大殿。除这些维修工程之外，文管所在1953 — 1962 年的工作还包括建立文物库房、初步建立游客参观制度、配合省文化局对周边文物进行调查、划定麦积山石窟保护范围、接待来访学者及其他参观者等，并在这一时期完成了职工宿舍的修建及周边林木环境维护。在麦积山石窟管理的起步阶段，文管所作为第一个由官方成立的管理机构，使麦积山石窟的日常保护工作逐步走上正轨，为后续工作打下了良好的基础。图 4.4 所示为 1953 年文管所的方形印章❷。图 4.5 所示为 1961 年设立的保护标志碑❸。

❶ 麦积山石窟艺术研究所. 麦积山石窟文物工作七十年［M］. 北京：文物出版社，2018：22.

❷ 同❶31.

❸ 同❶33.

图 4.4　1953 年麦积山文物　　　　图 4.5　1961 年设立的保护标志碑
　　　保管所方形印章

中华人民共和国成立前的麦积山考察活动大多为学者自发进行，在这一阶段所做的保护工作多为测绘、摄影、记录等基础资料整理工作，学者开始意识到麦积山石窟重要的艺术价值、历史价值及石窟保护的重要性，并进行了尝试性的石窟保护工作，但这一阶段提出的石窟保护的种种构想碍于时局难以得到落实。中华人民共和国成立后官方组织的几次考察及管理机构的建立是麦积山石窟科学保护的开始，这一阶段的石窟保护以抢救性工作为主，除了继续进行临摹、摄影等基础工作外，更注重后续的保护管理，进一步明确石窟保护范围，麦积山的日常保护工作也建立了雏形。

第三节　麦积山石窟保护进程、价值研究和学术研究

20 世纪，麦积山石窟作为文物古迹被再度发现，多个人群对其进行了保护与阐释。对麦积山石窟价值的认知主要集中在艺术价值和历史价值上，而对这两种价值认知的侧重也随着麦积山石窟栈道的连通和对外开放发生过变化。综合保护史与研究史，麦积山石窟的保护和研究在近现代的发展大致分为四个阶段。

第一个阶段是民间自发的考察、宣传与初步保护阶段（1941—1951 年），

主要指冯国瑞的再发现、研究方法的运用、初步保护及编号体系初步成型。

第二个阶段是官方部门的考察与保护修复阶段（1952—1972年），主导群体为艺术家、学者，侧重艺术价值阐释。在栈道连通（1966年）之前，只有部分石窟可以到达，人们难以认识石窟的整体面貌，只能选取部分洞窟内的经典泥塑，将其视为杰作阐释。结合民族独立的时代背景，这一时期更侧重发掘艺术单品价值，而非讲述历史价值。1966年栈道连通之后，基本上所有洞窟皆可通达，学者可以进行整体性的历史分期研究，因此更侧重历史价值的阐释，麦积山石窟的历史延续性价值得到强调。

第三个阶段是加固本体与文物价值认知转向阶段（1972—1984年）。1972年麦积山石窟展开整体维修加固工程，主要对崖体进行了加固。在价值认知方面转向侧重历史、文物价值的阐释。

第四个阶段是开放后的保护与研究阶段（1984年至今）。这一阶段开始同时侧重历史、艺术价值研究和旅游展示。而今麦积山石窟处于麦积山大景区之中，麦积山石窟也成为兼具旅游功能的文物古迹。

以下将结合20世纪40年代以来不同的主体在麦积山进行的保护工作与学术、价值研究，分别阐释以上四个阶段。回顾我国石窟寺保护工作起步阶段不同主体之间的观点交流与碰撞，对于现今石窟寺的价值探究及保护工作的开展有着重要的意义。

一、 民间自发的考察、 宣传与初步保护阶段 （1941—1951年）

此阶段受到战乱影响，政治、经济管理相对混乱，国家及各级政府对于文物保护的关注亦不够，因此这一时期的考察活动基本为学者自发前往麦积山进行考察研究，缺少官方的支持。

在这十年间对麦积山石窟保护贡献及影响最大的人物当属冯国瑞，因此本节将用较大篇幅回顾冯国瑞的贡献，包括他的学术研究成果、石窟保护措施及文物捐赠活动。此外，还将介绍李浴、阎文儒、辜其一等学者在此阶段的考察研究成果。这一阶段，麦积山石窟编号体系初见雏形。

（一）冯国瑞的研究与贡献

1941—1953 年，冯国瑞曾六次前往麦积山实地考察，每次考察后的研究成果不仅对学界产生重大影响，亦让麦积山石窟得到社会各界的关注。

1941 年，冯国瑞得暇回天水家中小住，遂约友人出城步行 20 余里至麦积山考察。这是冯国瑞第一次到麦积山石窟考察。此次考察归来后冯国瑞撰成《麦积山石窟志》，这是近代第一部麦积山石窟的研究专著。1944 年，冯国瑞第二次登临麦积山，与刘文炳、宋守德二人共同完成了石窟编号及石窟测绘工作，并撰写《调查麦积山石窟报告书》，呈报国民党甘肃省政府，建议妥善保护麦积山石窟。1946 年，冯国瑞第三次前往麦积山考察，为麦积山石窟争取到少量经费用于修补栈道及围栏。1947 年，冯国瑞开始第四次考察麦积山石窟。此次考察将重点放在万佛洞内的精美雕塑上，并根据此次考察结果撰成《天水麦积山西窟万佛洞铭并序》。1952 年，冯国瑞陪同西北考察团进行了麦积山石窟第五次实地考察。1953 年，冯国瑞以唯一一位特邀参与考察的甘肃成员的身份陪同中央人民政府文化部组织的麦积山石窟勘察团进行了第六次实地考察。

冯国瑞在多次实地考察麦积山之后，在其文章中对麦积山石窟的历史价值和艺术价值给予了较高的评价。在《麦积山石窟志》中，冯国瑞指出："天水麦积山佛龛之伟大，为甘肃诸石窟之冠。而岩窟之雄奇，实海内所无。"[1] 近代以来，由于栈道损毁，交通不便，麦积山石窟并未如莫高窟、龙门石窟一般惨遭大肆盗掠之灾，因而大部分精美的建筑与雕塑得以保存。冯国瑞认为其艺术价值可在龙门石窟之上，称其"层壁摩崖，照耀寰宇，虽龙门、伊阙，亦无此等伟迹"[2]。经过与敦煌莫高窟横向比较研究，他得出了麦积山石窟的主要特色在建筑艺术方面，敦煌莫高窟的突出亮点则是壁画的结论。他从建筑、造像、壁画、背光四个角度一一比较两者的艺术风格，并依据开凿年代推测莫高窟的壁画艺术风格很有可能受到开窟时间更早的麦积山石窟的影响。[3]

---

[1] 冯国瑞. 麦积山石窟志 [M]. 天水：天水报社印刷厂，1989：11.

[2] 同[1]12.

[3] 冯国瑞. 天水麦积山石窟介绍 [G] //麦积山石窟艺术研究所. 麦积山石窟研究论文集. 兰州：甘肃人民出版社，2006：9 - 11.

面对麦积山石窟亟待整修的现状，冯国瑞亦多次提出自己的保护意见，虽碍于时局，其中相当一部分在当时并未落实，但这其中不乏具有前瞻性的保护措施。

首先是提出建立博物馆等保护机构的设想。由于寺僧香火收入微薄，难以维持石窟日常的保护管理，冯国瑞与当地一些社会人士组织了自发的保护管理活动，在1945年对麦积山东崖的石窟进行整理，加固了悬崖间的围栏，修补了栈道间损毁的木板。此次栈道修补工程除了冯国瑞及保护管理活动成员的努力，更是得到了麦积山周围农民的支持。山中木料易得，冯国瑞自云栈道的修补过程得到了周围农民的大力赞助才顺利完成。邓宝珊亦对此次的栈道修补给予支持。冯国瑞等人在不改变古迹原状的前提下给石磴加装门锁，建立了简单的参观规则。冯国瑞亦在其文章中严厉谴责天水意大利的天主教教士在民国九年（1920年）盗剥壁画的行为，批评美国驻国民党的顾问团来天水参观劳民伤财，以及其意欲偷盗古物的阴谋活动，指出修建博物馆保存文物的重要性。他认为麦积山石窟的精美壁画需要修建专门的历史博物馆用于陈列、供世观览。❶

其次是对麦积山周边环境的关注。1948年，冯国瑞与当地热心人士成立"天水麦积山石窟建修保管委员会"，共同拟订了补建计划，对东窟、西窟、瑞应寺亟待维修的情况进行说明和规划，并提到了麦积山周围的豆积山及罗汉岩之保护管理与秦文公墓之修理，思路极为开阔，文物保护意识亦强，整体环境保护观念领先于时代，在当时是极为可贵的理念，也是麦积山石窟保护史上首次对麦积山周围的文化景观与环境治理有所关注❷，将麦积山石窟的保护纳入更开阔的视野之下。

冯国瑞在中华人民共和国成立前多次出资助力麦积山石窟的日常保护活动，多次撰文呼吁，为麦积山争取维修经费。自初次考察麦积山石窟之后，冯国瑞便时刻关注着麦积山石窟的保护发展，多次将自己所得稿费捐赠给麦积山文物保管所，用于石窟的日常维护。冯国瑞还奔走于西北各政要之间争取保护资金

❶ 冯国瑞. 麦积山石窟志 ［M］. 天水：天水报社印刷厂，1989：23.
❷ 冯国瑞. 天水麦积山石窟介绍 ［G］//麦积山石窟艺术研究所. 麦积山石窟研究论文集. 兰州：甘肃人民出版社，2006：9.

与题匾，努力提高麦积山石窟的知名度，呼吁政府关注麦积山石窟的保护。1946 年，冯国瑞从国民政府要员处争取到少量资金用于修复已经坍塌的东崖栈道。他还邀请到于右任题写对联"艺并莫高窟，文传庾子山"，吴稚晖题写匾额"麦积山馆"，这些书法作品至今仍保存在麦积山石窟艺术研究所。

麦积山石窟的文物库存也离不开冯国瑞的捐赠。中华人民共和国成立之后，麦积山石窟的保护管理由政府接手，成立了专门的保护机构——麦积山文物保管所。除了积极参与政府组织的几次科学考察活动之外，冯国瑞分别在 1955 年和 1960 年两次将自己私人所藏书画拓片等文物慷慨赠予麦积山文物保管所。据麦积山石窟艺术研究所统计，冯国瑞所捐文物涵盖了书法、绘画、拓片、陶瓷器等多个门类，其中，书画 94 件、绢画 2 件，陶瓷器 15 件，瓷壶、瓦当、琉璃瓷器各 1 件，石器 3 件，东晋至民国拓片 143 件。据研究所工作人员介绍，这些藏品基本保存完好，其中亦不乏精品，具有较高的历史价值与艺术价值，尤其是拓片，大多数为精品甚至孤品，足以举办一场中型的高品质石刻拓片专题展览。冯国瑞作为麦积山石窟馆藏文物的第一位捐赠者，其捐赠极大地丰富了麦积山石窟艺术研究的内容，为后续的研究提供了丰富的资料。

在麦积山石窟的公众宣传方面，冯国瑞的著作亦发挥了极大作用，他的考察保护活动得到了媒体的关注与报道。《麦积山石窟志》最初只石印发行了 300 册，但传播范围较广，引发了学界对麦积山的关注。其自述："以后远道来游的人，摄影的人，书刊上，以至于个别的书目上，西文的译本上，都由于这个小册子的介绍。"❶ 其友刘文炳教授亦称："唯秦州麦积山石窟之有志，则自天水冯公仲翔始。"❷ 足见其影响范围之广。《大公报》《益世报》《燕京学报》等报刊都曾在主要版面对《麦积山石窟志》进行介绍，《说文月刊》第三卷第十期更是全文刊载。以《益世报》（天津）在 1947 年的报道为例，兹录全文如下：

　　天水麦积山石窟，为北魏时佛教艺术建筑，自民国三十年冯国瑞氏编着麦

---

❶ 冯国瑞. 天水麦积山石窟介绍 [G] //麦积山石窟艺术研究所. 麦积山石窟研究论文集. 兰州：甘肃人民出版社，2006：4.

❷ 王锷. 冯国瑞先生在甘肃石窟艺术研究中的贡献 [M] //中国人民政治协商会议，甘肃省委员会文史资料委员会. 甘肃文史资料选辑（第 37 辑）. 兰州：甘肃人民出版社，1993：23.

积山石窟志后，闻名于世。惟石窟年代久远，堙破不堪；东窟之七佛阁、牛儿堂、散花楼等遗迹，三十五年十月，经四区尊员胡受谦氏督导补修，梯柱栏干完全可通，并将石窟西之瑞应寺重新修葺，增建山馆，以为游人栖止之所。三十六年二月初，天水县长方定中氏，约同冯国瑞氏至麦积山察勘续修工程。冯氏独留山中，偕寺僧率木工探险西窟，仅携木板长绳，由西窟已毁之栈道遗物间架板递接，攀木牵绳，自大佛足下竟升入距地面高数十丈相传之万佛洞内。发见深广五丈余之长方洞，内有大佛造像二十五尊；巨碑十八座，有高至七尺者，碑上浮雕佛像三十四排，每排二三尊。碑侧亦刻佛像，碑下堆积鸽子松鼠粪土深数尺，洞内光线甚暗，未见题字，仅见塑壁小像无数，均高数寸，经冯氏审定，确系北魏作风。天水地方人士，决定补修栈道，俾人能得窥观研究，亦胜事也。❶

从这篇报道中不难看出，报刊媒体对于冯国瑞的研究著作是持肯定态度的。文章开头即指出了冯国瑞做出的重要贡献，随后简要介绍了麦积山石窟的保存现状和时年的维修工程，对于未来麦积山可能开展的研究活动亦持积极态度。另有《益世报》（重庆）和《燕京学报》中的文字记录，与上文所载内容一致，不再赘述。

（二）其他学者的考察活动

这一阶段的考察基本上都是学者自发组织的学术活动，与群众密切结合，群众自发保护石窟，并未得到地方乃至中央政府的重点关注与支持。此阶段的考察工作以记录、测绘、对石窟进行编号、考证石窟历史发展为重点。此阶段学者的考察研究皆为个人行为，势单力薄，提出的保护规划碍于时局难以落实，保护工作以简单维护为主，但所做工作当属开创性的。

1945 年，阎文儒到麦积山石窟进行考察，撰成 5 篇调查报告及考释，于1984 年集中出版。其中对麦积山石窟造像年代、七佛龛建造及虞信作铭的时间进行了考证，并将麦积山石窟的建筑风格与印度和我国新疆等地的石窟进行了

---

❶ 天水麦积山发现石佛窟 [N]. 益世报（天津），1947 - 02 - 20 (1).

对比研究。❶

　　李浴亦至麦积山进行了实地考察，撰写了麦积山石窟调查报告万余字，记录了 169 个洞窟、碑刻、摩崖等的内容。报告撰成之后并未公开发表，直至2017 年"陇右稿抄本文献丛书"（第一辑）出版发行，其影印照片才初次公开。根据学者的整理释读，该调查报告对石窟创建年代及麦积山石窟历史地理环境、部分洞窟内容做了记录，并抄录了麦积山各种碑文题记。❷ 将李浴划分的窟龛编号与现今的编号进行对比，可以发现李浴是按照先东崖后西崖、由东至西、由上至下的顺序进行编号的，是在冯氏编号的基础上进一步思考与探索的成果。❸ 李浴所著《麦积山石窟调查报告》中记录的原始测绘数据也为现今的修补复原工作提供了参考。

　　1951 年，辜其一在考察麦积山石窟后发表了《麦积山石窟及窟檐记略》，从建筑艺术的角度对麦积山石窟进行了研究，肯定了麦积山石窟雕塑的艺术价值与历史价值，是关于麦积山石窟建筑艺术的首篇专题论文。

（三）石窟编号体系的完善

　　麦积山石窟的首次编号是由冯国瑞完成的。在 1941 年第一次考察麦积山石窟之后，他便对所登临的 122 个窟龛进行了编号，但受制于栈道塌毁、设备落后等原因，部分洞窟难以登临。从他所编的窟号顺序可以得知当时对西壁洞窟的考察并不完整，考察顺序是先东壁再西壁。中华人民共和国成立后麦积山的栈道连通工作陆续展开。1953 年，文化部组织成立麦积山石窟勘察团，吴作人任团长，对麦积山石窟进行了全面勘察。勘察期间除取得了文字、临摹、照片、测绘图纸等研究成果，还搭设了应急栈道，成立了临时管理机构，从而使考察基本涵盖了麦积山的主要区域，为 194 个窟龛进行了编号。这一编号体系在之后较长的一段时间内被广泛采用，也是目前编号体系的基础。编号的顺序依然是先东壁再西壁。1955 年文管所申请资金开展了中七佛阁（第 9 窟）、千佛廊（第 3 窟）等位置栈道的修整工作。到 1966 年，麦积山石窟最险峻的东西崖之

---

❶ 阎文儒. 麦积山石窟 [M]. 兰州：甘肃人民出版社，1984：6－14.
❷ 麦积山石窟艺术研究所. 麦积山石窟文物工作七十年 [M]. 北京：文物出版社，2018：16.
❸ 黄俊俊. 李浴著《麦积山石窟调查报告》研究 [D]. 兰州：西北师范大学，2022：16.

间的栈道架通，从此大部分洞窟均可通达，至 2006 年，纳入编号的窟龛增至 221 个，并沿用至今。通过整合各方资料，可以将麦积山石窟的编号变化情况梳理如下：

1941 年，冯国瑞首次对麦积山石窟 122 个窟龛进行编号；1947 年，李浴在考察报告中将窟龛编号更新至 169 个，但该报告此前未曾公开出版或发表；1952 年，西北考察团对 157 个窟龛进行编号；1953 年，麦积山石窟勘察团在西北考察团的编号基础上新增 37 个编号，编号更新至 194，此次编号沿用数十年；2002 年，张锦秀将王子洞区的 15 个窟龛编为 195～209 号；2003 年，麦积山石窟艺术研究所又新增 195、196 两个窟龛至主体窟龛部分，故王子洞区窟龛编号顺延至 197～211 号；2006 年，新增王子洞区 5 个窟龛编号，主体部分新增 2 个窟龛编号，塌陷部分新编 3 个窟龛编号。❶ 至此，麦积山石窟现有 221 个窟龛编号，具体见表 4.1。

表 4.1　麦积山石窟编号更新状况　　　　　　　　　　　（制表人：于晨曦）

时间	相关人物/组织	编号情况
1941 年	冯国瑞	在《麦积山石窟志》中将东西崖共 122 个窟龛进行编号记录
1947 年	李浴	共记录 169 个石窟编号，但考察报告未曾发表
1952 年	西北考察团	对 157 个窟龛进行编号
1953 年	麦积山石窟勘察团	在西北考察团的编号基础上新增 37 个窟龛编号，编号更新至 194，并沿用数十年
2002 年	张锦秀	新增王子洞区 15 个窟龛，编号为 195～209
2003 年	麦积山石窟艺术研究所	新增麦积山西区第 93 窟右下方两个小龛，编为 195、196 号，故张锦秀所增王子洞区窟龛编号顺延至 197～211
2006 年	麦积山石窟艺术研究所	王子洞区未编号的 5 个洞窟增补编号为 212～216 号；中区下部第 47 窟右侧 1 窟增补编号为 217 号；中区上部第 16 窟右侧 1 窟增补编号为 218 号；中区下方堆积面区已清理出的 3 个窟龛增补编号为 219、220、221 号

---

❶ 魏文斌，白凡. 麦积山石窟历次编号及新编窟龛的说明 [J]. 敦煌研究，2008 (5)：31.

高原等将冯氏编号与现今的编号——对照，总结出了冯氏编号的排列规律：先东崖再西崖，东、西崖均从最高处开始编号，同一高度的洞窟从东往西编号。其据此推测 1952 年与 1953 年的两次考察活动进行的编号很有可能是在冯氏的基础上进行的。❶ 因此，虽然冯国瑞最初的编号并不全面，次序排列也与现今沿用的石窟编号次序不一致，但可以说其所做的工作依旧是开创性的，为后续的科学考察活动打下了基础。

二、 官方部门的考察与保护修复阶段 （1952—1972 年）

中华人民共和国成立后建立了麦积山石窟官方保护管理机构，石窟日常保护与管理活动逐渐步入正轨，与此同时，对于麦积山石窟的价值阐释也进入新阶段。1952—1966 年，由于栈道毁损，部分洞窟无法登临，历史考古工作难以开展，因此这一时期的石窟价值研究更加侧重于艺术角度，以艺术家、学者为主的群体深入研究石窟内雕塑、壁画的艺术风格，挖掘其艺术价值。1966 年栈道架通，可以在此基础上进行全面的历史断代与石窟考古研究，结合文物保护理念向历史价值的倾斜，麦积山石窟的价值阐释逐步转向由历史价值主导。

本节将梳理中华人民共和国成立后对麦积山石窟价值认知的第一次转变过程，以栈道架通工程为分界，阐释在栈道架通前的保护考察活动、艺术价值宣传的原因与影响及栈道架通后的历史价值认知转型趋势。

（一） 考察过程与保护措施

1949 年，麦积山香火败落，仅有一两名僧人在瑞应寺维持日常宗教活动。中央人民政府在 1952 年组织的西北考察团与 1953 年组织的麦积山石窟勘察团是麦积山石窟官方考察的开端。

1952 年由常书鸿带队的西北考察团历时四十余天，完成了对麦积山重点洞窟的测绘、摄影与临摹工作。此次考察报告并未对外刊发，但考察中积累的大量资料为次年更加专业化的勘察奠定了基础。

1953 年麦积山石窟勘察团勘察麦积山石窟前，甘肃省文化局接到文化部的

---

❶ 高原，卢娜，李沁，等. 麦积山石窟冯国瑞洞窟编号考对［J］. 敦煌研究，2018（2）：76.

通知，要求做好勘察团的前期准备工作，并要求建立专业的文物保管机构。1953 年 10 月初，麦积山石窟文物保管所正式成立。

1953 年组织的麦积山石窟勘察团由吴作人任团长，经过一月有余的考察，完成了对 194 个窟龛的测绘记录。此次勘察不仅核实了麦积山石窟文物的保存状况，还结合实地考察经验提出了具体且可执行的保护措施与管理构想。

次年，吴作人在《麦积山勘察团工作报告》中提出了麦积山石窟的保护管理措施及意见，包括：对窟龛中损毁的文物配件及小型文物要妥善保存；应对上山路线进一步规划，必须经由瑞应寺山门进山，以便于管理；为防止游客过多造成事故，停止西崖在重大节庆日期的开放；在重要洞窟的洞口处应加装门锁，避免被风雨鸟雀破坏及偷盗行为。此外，他提出，文管所工作人员要加强对游客的引导，避免游客随意刻画损坏文物，也不允许随意对文物进行修理翻模；对于已经暴露在外的造像和壁画，则应该立即派遣专业人员现场修理并卸下，运送至博物馆保存；在长远安全方面，考虑到麦积山岩层的断裂状况，为避免地震等对麦积山石窟造成冲击，应该利用现代工程方法（如对横穿崖石的裂缝贯以钢筋和灰浆）加固危崖。❶ 郑振铎亦在文章中强调了麦积山石窟保护的紧迫性与重要性。❷

（二）艺术家与艺术价值

《麦积山勘察团工作报告》的发表进一步提高了麦积山石窟的知名度，勘察团成员的临摹、特写、摄影的照片及洞窟图纸在 1954 年被编入《麦积山石窟》图册中刊印发行，进一步吸引了历史学家、雕塑家、美术学家的关注，麦积山石窟的价值研究进入新阶段。

麦积山石窟与当时发现的其他石窟相比并未遭受外国探险者的大肆劫掠，人们在讨论其价值和进行展示利用时都注重挖掘其单体造像艺术的价值、独特的民俗价值，力图将国民大众"泥菩萨"的认识转变为"古代造像艺术"的认知。

---

❶ 吴作人. 麦积山勘察團工作报告 [J]. 文物参考资料，1954（2）：20－21.
❷ 郑振铎. 《麦积山石窟》序 [G] //麦积山石窟艺术研究所. 麦积山石窟研究论文集. 兰州：甘肃人民出版社，2006：33.

麦积山石窟在中华人民共和国成立初期承载着树立民族自信的重要使命。对于麦积山石窟的艺术价值宣传，也与此前一贯倡导的"美育代宗教"的公众教育理念不谋而合。尽管考古学家与美术学家对于麦积山石窟的价值认知有着明显差异，但出于社会文化教育的需要，麦积山石窟的艺术价值在这一阶段的宣传更加广泛。在这种价值宣传影响下，这一时期的洞窟测绘、壁画彩塑的临摹修复工作也取得了较大进展。

这一时期围绕麦积山石窟的造像壁画研究数量显著增多，结合中国传统画论与西方艺术对麦积山石窟的造像壁画的艺术风格进行深入探析，并将麦积山石窟与莫高窟、云冈石窟及西方名画、雕塑的艺术风格进行对比，在拓宽研究视野的同时也提高了麦积山石窟的知名度。

吴作人在考察结束后发表了《麦积山石窟的壁画》一文，依照在石窟参观的行进路线，介绍所经之处主要洞窟壁画的内容和艺术特征，重点关注了西崖第154窟内的壁画。他从画面人物的服装风格与体态特征入手，分析其背后体现的佛教艺术与中原文明的交融，认为这幅壁画在艺术风格上与东晋顾恺之有密切关系。❶

对于麦积山石窟内的雕塑与壁画的艺术风格，亦有相关学者展开论述。何正璜在美术考古的视角下从建筑、塑像、石刻、壁画四个方面论述各主要洞窟的艺术风格，并着重分析了第10号和第16号造像碑，介绍了麦积山的发展情况，将麦积山石窟艺术与莫高窟、龙门石窟、云冈石窟横向对比，认为"麦积山就应当是古代塑造艺术的珍贵宝藏"。❷

常任侠撰文对麦积山石窟的造像与壁画进行简要介绍，着重分析了第133窟的壁画内容，从画面元素、装饰技法、动作刻画、构图等几个方面肯定了麦积山石窟的艺术价值，认为其可与达·芬奇《最后的晚餐》相提并论。❸ 王子

---

❶ 吴作人. 麦积山石窟的壁画 [G] //麦积山石窟艺术研究所. 麦积山石窟研究论文集. 兰州：甘肃人民出版社，2006：33.

❷ 何正璜. 被遗忘的珍珠——天水麦积山佛窟 [M] //何正璜. 何正璜考古游记. 北京：人民美术出版社，2010：133-143.

❸ 常任侠. 甘肃麦积山石窟艺术 [G] //麦积山石窟艺术研究所. 麦积山石窟研究论文集. 兰州：甘肃人民出版社，2006：37-39.

云对麦积山石窟的情况、雕塑做了扼要的介绍，在《麦积山石窟雕塑艺术的初步介绍》一文中论述了麦积山第 108、128、139、87、88 等窟比较突出的塑像，将部分女性形象的造像与希腊神庙中的少女形象进行比较，肯定了麦积山石窟的造像人物表现力与雕刻工艺。❶

王朝闻的《麦积山石窟艺术》一文则概述了麦积山的洞窟、塑像、石刻、壁画等。他指出，第 123 窟的童男童女塑像既高度写实又具有生活中纯朴的气息，是现实主义的艺术，并结合其他中外艺术画作详细分析了第 135 窟、第 5 窟壁画的内容和风格特征，认为能表现人民意愿、合乎现实，并非服膺于宗教的艺术创作方法是值得借鉴的。❷

（三）栈道连通前的价值认知

麦积山石窟最初栈道不连通，在客观上影响了对石窟的整体性历史研究。

麦积山石窟初代保护者多为艺术家，他们将麦积山石窟泥塑、壁画的价值放在雕塑历史之中，定位麦积山的泥塑具有早期中国化的优美形态。在民族追求独立自强的时代，早期的石窟研究者强调去除宗教性和封建性，将石窟内容看作单体杰作，有选择地阐释其艺术风格。这种阐释方式不受栈道不连通、无系统化的断代研究的制约，因而在早期阐释麦积山石窟的价值时普遍采纳了艺术价值的视角。

1955 年，我国著名雕塑家刘开渠在《中国古代雕塑的杰出作品》一文中肯定了麦积山泥塑造像杰出的艺术价值，认为"敦煌如果是一个历代壁画大画馆，麦积山则是我国历代的一个大雕塑馆"。❸ 自此，"雕塑馆"就成为麦积山最常用的宣传语和限定词。❹

刘开渠还将麦积山的工匠比喻为文艺复兴大师多纳泰罗。多纳泰罗借鉴古

---

❶ 王子云. 麦积山石窟雕塑艺术的初步介绍 [G] //郑炳林，魏文斌. 天水麦积山石窟研究文集（下册）. 兰州：甘肃文化出版社，2007：8 - 12.

❷ 王朝闻. 麦积山石窟艺术 [G] //麦积山石窟艺术研究所. 麦积山石窟研究论文集. 兰州：甘肃人民出版社，2006：24 - 28.

❸ 刘开渠. 中国古代雕塑的杰出作品 [G] //郑炳林，魏文斌. 天水麦积山石窟研究文集（下册）. 兰州：甘肃文化出版社，2007：18.

❹ 范文澜首先提出"雕塑馆"近似概念，后经雕塑家刘开渠及麦积山石窟艺术研究所何洪岩的宣传完善，逐渐形成"东方雕塑馆"这一称谓。

希腊雕塑中的人体比例创作了雕塑《大卫》，一反中世纪以来拉长人体比例的雕塑方法，赞颂人的力量，表现人文主义精神。最初对麦积山进行保护的艺术家正是怀着"文艺复兴时期对古希腊雕塑的借鉴和利用"的情怀与方法，以艺术的方式理解中国石窟中泥塑的比例、角度、性质与价值，去除泥塑中的古代宗教性质，将其转化为艺术杰作，陶冶大众，培养爱国情感。在调研麦积山石窟之后，他参与修建了人民英雄纪念碑，任美术组组长；他在中央美术学院开启雕塑教育体系建设，并使麦积山石窟成为美术院校重要的临摹实习基地，为石窟保护临摹培养了相关人才。将麦积山石窟内单独的精美塑像作为重点，选筛较完整的单体造像进行解读与展示的做法在很长一段时间内影响着人们对麦积山石窟价值的认识，甚至影响了麦积山的历次展览和直至目前的导览路线中洞窟的选择。

李格尔在《对文物的现代崇拜》一文中分析了文物的历史价值和艺术价值，在分析历史价值时他认为一件艺术品也是历史文件，因为它代表了视觉艺术发展的一个特殊阶段。[1]它作为所处时代遗留下来的艺术证据，被人们视为一件极端重要的产品。它的存在是这类文物在艺术发展史上不可缺少的环节。因此，"艺术文物"其实是一种"艺术史文物"，从此观点来看，它的历史价值超出了艺术价值。从艺术史的角度来看，文物的"艺术价值"包含于"历史价值"。可见，系统地研究多个单体文物，需要从艺术史的角度兼顾分析其历史价值和艺术价值。像麦积山石窟这样的石窟群，其价值不仅在于精美的雕塑，更在于雕塑、石窟形制等背后展现的石窟间的发展关系，以及不同历史时期对石窟不同的利用所展现的艺术形态和思想变迁，而这一研究趋势直到栈道连通之后才得以逐步展开。

（四）栈道连通与历史价值认知转向

20 世纪 50 年代以后，我国的文物保护工作在观念上与西方国家注重艺术价值的方法作了切割，进一步明确了"历史价值全面引领"的方向，注重文物及文物遗迹本体的加固工作。

---

[1] 陈平. 李格尔与艺术科学 [M]. 杭州：中国美术学院出版社，2002：315-352.

1964 年麦积山石窟开始陆续架设、维修栈道，直到 1966 年天桥架通，人们才能够登临所有洞窟，基础的考古学研究工作得以全面展开。在天桥和西崖上部还架设了铁皮护檐，防止雨水对洞窟文物的破坏。洞窟门窗也逐步安装到位，减少了自然环境及游人对洞窟文物的破坏。在上级部门的指导下，洞窟文物建档等业务工作相继展开。

1972 年，西崖靠下位置的栈道全部修通以后，张学荣先生逐步整理资料，对这个区域的洞窟进行了调查，从文字记录、测绘图、照片等方面进行了整理，后《麦积山石窟新通洞窟》在 1972 年《文物》第 12 期上发表。这是麦积山文物保管所本所人员发表的第一篇学术论文，可以称为考古研究的发轫之作，有着标志性的意义。1972 年之后，麦积山石窟开始实施山体维修加固工程，直到 1984 年加固工程结束。对麦积山的价值认知在实体上表现为重视文物价值，在价值尺度方面的研究依然延续以历史价值为主、以艺术价值为辅的基本面貌。

三、　加固本体与文物价值认知转向阶段　（1972 —1984 年）

1972 —1984 年进行的石窟整体加固工程是麦积山石窟保护史上的重要节点，麦积山石窟采取"喷锚粘托"的方案完成了全部崖面的加固，保证了山体的稳定性。这一时期的文物本体修复工作取得较大进展，灵活运用科学技术完成了洞窟内壁画和雕塑的修复，为麦积山石窟之后的考古保护工作开展及面向公众开放游览奠定了基础。

（一）整体加固工程

麦积山所在的天水地区位于地震多发带上，历史上多次地震不仅造成了多个洞窟的毁坏，使麦积山石窟分为东崖、西崖，还给山体留下了许多大大小小的裂隙。麦积山岩质疏松，洞窟极易崩塌，所以保护的首要工作就是加固危崖。

1972 年，国家文物局召集专家共商石窟维修方案。经过多次试验论证，1978 年 5 月，国家文物局批准同意"喷锚支护"加固方案，即后来被称为"喷锚粘托"的加固方案，具体方法是用锚杆将危岩和钢筋网喷射混凝土层紧紧拉到基岩上，从而防止崖面继续风化剥落和危岩坍塌，达到加固崖壁的目的。

图 4.6 所示为修复第 98 窟大佛前技术人员研究加固方案。❶

图 4.6 修复第 98 窟大佛前技术人员研究加固方案

1977 年年初，麦积山石窟加固工程从西崖正式开始施工。1981 年基本完成西崖的加固工作后工程移至东崖，全部工程于 1984 年 4 月结束。完成的主要工程量：喷护总面积 9100 平方米，打锚杆 2300 根，总进尺 12 500 米；架设钢筋混凝土结构新栈道 1000 米。在加固工程期间还对东西崖的大佛进行了修缮，对部分洞窟中的大型造像进行了扶正。这项加固工程不仅对麦积山石窟有着重要意义，对全国石窟的保护进程也影响深远。图 4.7 所示为西崖崖面加固透视图。❷

图 4.7 西崖崖面加固透视图

❶ 董广强. 70 年麦积山石窟文物保护探析［J］. 遗产与保护研究，2018（3）：46.
❷ 图片由麦积山石窟艺术研究所提供。

在 1984 年 7 月召开的工程鉴定及竣工验收会议上通过的《鉴定意见》对这一工程给予了较高的评价，称其"在总结了国内岩体加固经验的基础上，结合麦积山石窟岩体的特点和不改变原状的原则，成功地采用了'喷、锚、粘、托'综合加固技术，为保护石窟文物开创了一条新的路径。工程造价仅用 305 万元，经济效益显著。这样的采用先进技术综合治理石窟的成功实例，在国内外都是突出的。"❶ 1985 年，该工程获得国家科技进步三等奖。值得一提的是，这一阶段搭设和加固的钢筋混凝土栈道在 2005 年、2018 年的两次麦积山栈道安全评估中都获得了很好的评估结果。图 4.8 为麦积山石窟加固工程验收会议合影。❷

图 4.8　麦积山石窟加固工程验收会议合影

1972—1984 年的麦积山石窟维修加固工程对麦积山石窟有着重要意义，石窟的稳定性得到保证后，对石窟的考古和历史研究才得以进一步开展，石窟的对外展示才可以真正开始。这一阶段的研究重点就是考古学研究，通过考订年代，从时间尺度对石窟自身的发展进行研究。这间接地为石窟的空间性研究奠定了工作基础。对于石窟栈道发展的认识和讨论也是在这一阶段展开的。

---

❶ 麦积山石窟艺术研究所. 麦积山石窟文物工作七十年［M］. 北京：文物出版社，2018：64.
❷ 同❶67.

这一时期的维修工程与修复工作保证了山体的稳定性，栈道的重修也为后续学者、游客、管理人员前往麦积山石窟实地考察和参观提供了安全便利的交通条件，在石窟内进行的文物本体的细致修复更是为后续的文化遗产保护活动及研究讨论奠定了基础。

（二）文物本体保护

在更加细致的文物本体修复方面，这一时期的麦积山石窟保护工作也取得了较大进展。在这一阶段，麦积山石窟艺术研究所在文物修复的过程中对基本的文物保护理念进行了探索。例如，在"修旧如旧，保存文物原状"的原则下，总结古人在制作"刷地壁画"过程中的"小木桩挂麻法"，进行了技术创新：用冲击电锤打眼，清洗桩眼后使用环氧树脂将麻、木桩牢固地黏合于窟壁桩眼内，拉固回贴壁画。麦积山石窟塑像大多外部为泥塑，内部由木制支架和其他有机质填充物支撑，长久以来，塑像内部有机质糟朽，形成空腔，塑像与主牵拉桩脱位。这一时期把这些塑像中糟朽的木质骨架更换掉，将铁件螺杆置于窟壁，在适当部位钻孔，使用化学黏合剂加混凝土填料灌注牵拉锚件，再紧固螺母与窟壁桩眼，将脱位的塑像复位，之后修复残缺部位，从而使多年来放置于窟内的 10 件塑像得以归位，如第 59、105、120、108、122 窟等。此时对壁画的修复不再是整窟壁面敷设泥层，而只对脱离壁画的地仗边缘进行加固，宽度控制在 10 厘米左右，略后又将加固边缘控制在 5～7 厘米，以尽量减少新修复泥层对原壁画的视觉干扰。图 4.9 所示为第 165 窟宋代菩萨修复前后对比。❶

从 2005 年开始，麦积山石窟的保护档案、考古工作室开始逐步建立。保护档案内容主要包括文字描述和病害图，文字包括现状调查、气象环境调查、病害机理、实验、修复材料和工艺、后期管理等部分，病害图是在现场测绘、调查的基础上利用 CAD 绘图软件处理形成电子图片。建立档案对麦积山的科学考古保护意义重大，考古工作室的建立也为麦积山的科学保护提供了很大的助力。

在环境监测及数字化建设方面，麦积山石窟的保护与研究工作亦卓有成效。

---

❶ 图片由麦积山石窟艺术研究所提供。

图 4.9　第 165 窟宋代菩萨修复前后对比

早在 20 世纪 60 年代就建立了气象站进行监测，随后虽因人员不足暂时搁置，但 80 年代加固工程完成后便重新启动，利用干湿球温湿度表每天定时测量和记录第 127、133 窟等重点洞窟内部的环境变化，并针对洞窟内湿度大的情况放置除湿机，定时开启，以降低窟内湿度。2005 年以来，麦积山的环境监测设备进一步升级，采用了 HOBO 记录仪，并在西崖草坪位置建立了独立的气象观测站，提高了洞窟环境监测的科学性。麦积山石窟艺术研究所在与日本筑波大学合作的过程中逐步开始了数字化工作。2010 年完成了部分洞窟及崖面的扫描，制作了数字化图像。2011 年开始，麦积山石窟艺术研究所与武汉朗视软件有限公司达成协议，逐步对重点洞窟完成数字化测绘工作，并计划对全部洞窟进行数字化扫描与测绘。数字化是新时期石窟保护工作的发展趋势，麦积山石窟数字化工作的快速发展也将为其他各方面的研究提供便利。

四、 开放后的保护与研究阶段 （1984 年至今）

栈道连通后，麦积山石窟的研究保护进入了快速发展阶段，保护工作的重点随着环境变化转向了渗水治理和细致的文物本体修复，科技考古和数字化建设工作亦卓有成效。在学术研究方面，随着石窟加固工程完工、栈道连通，麦积山石窟再次对外开放，学者亦在此前的基础上继续深化对麦积山石窟的历史价值与艺术价值的认识，并据此开展全面研究与公众展示工作。

（一）渗水治理工程

随着自然环境的变化，麦积山石窟保护工程在新时期的工作难点变成了渗水治理。虽然麦积山所处的天水地区深居内陆，远离海洋，大陆性气候特征明显，但是位于林区的麦积山的局部气候相较于其他地区多雨潮湿，大气降水下渗后在山体内移动，这一移动过程复杂且多变，部分洞窟在降雨后湿度急剧增大，导致壁面落砂，壁画也产生大面积脱色。雨季结束后，降雨减少，气温降低，随着渗水量的减少，水中盐分逐渐析出，在出水点附近形成结晶盐，造成文物持续劣化损坏。这种盐风化现象是石窟渗水引起的次生病害，对洞窟和窟内文物产生了严重影响。❶

此前开展的麦积山石窟维修加固工程在当时是一项有启发性和示范性的工程，但是从如今的视角回顾这项工程，我们还是会发现一些因为时代局限性而造成的遗憾：山体的大面积喷护覆盖了一部分崖面遗迹，而一些崖面分布的桩孔和残龛痕迹有着重要的考古学价值；西崖中下层的渗水洞窟因为崖面喷护工程受到一定的影响。西崖下层的一些浅龛性质的潮湿洞窟都开凿在蜂窝状的软弱层位置或附近，在原来的状态下，一部分水分在洞窟的外侧露头并自然蒸发，从而在一定程度上减小对洞窟内部的影响。崖面喷护阻挡了水分的蒸发，也就加重了水分对洞窟内部的影响。

因此，此阶段主要针对麦积山石窟渗水开展相关治理保护工作，以渗水治理一期工程为起点，这也是麦积山石窟保护工作进入科技保护时期的标志。

1996 年，"石窟文物保护技术措施综合研究——麦积山石窟渗水成因分析及治理方案"项目立项，勘察工作由铁道部第一勘察设计院承担。1998 年，通过现场勘察，提出了"远堵近疏、上截下排"的方案。2000 年渗水治理一期工程启动，2003 年正式施工。在具体施工过程中，首先对大裂隙进行防渗注浆，

---

❶ 余荣光. 麦积山石窟渗水病害的机理研究［D］. 兰州：兰州大学，2020：4.

注浆材料是水泥和粉煤灰。这一步的目的是封堵水路，减少石窟渗水来源，进一步消除山体不稳定因素。其次，改善石窟渗水处引水孔，施工对象主要是1984年石窟喷锚加固工程中预留的渗水孔部位，在渗水层位与受害洞窟相同的位置钻孔引水，减少窟内渗水，降低湿度。另外，对山顶微细裂隙进行防渗注浆，截断地表水通过微细裂隙的运移，减少石窟渗水源。2006年，麦积山渗水治理一期工程顺利结束。2015年，麦积山渗水治理二期工程立项。此次工程加强了地貌、地质、水文等方面的前期调查，对崖壁渗水进行了详细勘察，采用无损及微损手段对石窟渗水进行检测和监测，在洞窟顶部布置探孔，采用井下高密度电法测井、地球物理测井、建立水文监测系统等技术建立麦积山石窟水文地质模型，并把石窟水害的机理研究放在首位，在彻底查清病害成因的基础上实施治理工程。❶

（二）学术交流与价值认知变化

1984年麦积山石窟崖体加固工程全面竣工，木栈道被替换为钢筋混凝土栈道，麦积山开始对外开放，开启了新的开放时代。1986年3月，麦积山文物保管所正式更名为麦积山石窟艺术研究所，提升为县级建制。机构转变体现出国家对文物保护工作的重视，为麦积山石窟研究的全面发展提供了支持。

1. 全面研究

学界在这一阶段认识到麦积山石窟是需要重点保护的珍贵文化遗产，将更加成熟的文物保护理念与方法引入麦积山石窟研究中，开始全面剖析其历史价值、艺术价值、科学价值等，对于麦积山的价值研究开始纷繁多样。

各学者与学术团体的研究讨论仍以历史考古及造像壁画等内容为重点，但在原有的艺术与考古研究成果的基础上进行了更深入的分析探索，对于麦积山石窟的历史考古与艺术风格研究更加深入细致，对于麦积山石窟的本体考察活动、碑刻与文献、建筑与周围景观环境和保护维修史等方面亦有关注。

具体的考古研究有洞窟考古研究和栈道考古研究。此阶段的洞窟考古研究

---

❶ 董广强. 锚筋固危崖 穿洞引水患——麦积山石窟维修加固与渗水治理工程［J］. 中国文化遗产, 2016（2）: 74.

关注的重点也是最基础的研究是早期洞窟的创建和分期研究。麦积山石窟缺少能作为直接证据的纪年洞窟，所以学界对此问题有广泛的讨论。对于麦积山早期石窟的开凿年代，学界存在"北魏说"和"后秦说"两种主流观点，以文献为主要依据的张学荣和以考古遗迹为主要依据的张宝玺曾就此问题展开学术讨论。

有关麦积山洞窟分期断代的问题，既有对整体洞窟的讨论，也有专门对早期或者晚期洞窟的讨论，学术焦点还是初期洞窟的分期讨论。学者们依照考古地层学、类型学的方法从洞窟形制规模、造像特点、洞窟内容题材等方面对麦积山石窟进行了分期研究。

魏文斌对麦积山的初期洞窟进行了详细的分期研究，从纵向的考古学视角与同类石窟对比，将初期的 31 个洞窟分为三期。❶ 达微佳严格按照考古学方法将麦积山的北朝洞窟分作五期。❷ 陈悦新将麦积山北朝洞窟分为五期，关注主尊佛衣和胁侍菩萨衣饰、造像组合与壁面配置之间的关系，以及洞窟内外仿帐、仿木构的雕饰等。❸ 李裕群将麦积山北朝晚期的洞窟分为西魏大统元年至大统末年（535—551 年）和西魏大统末年至北周末年（551—581 年）两个时期。❹ 他还通过考证东崖崩塌原因，分析得出利用崩塌后的崖面开凿的洞窟应该是隋仁寿元年（601 年）麦积山"再修龛窟"后所建，从而校正了一批曾被认为是北周开凿实际为隋代开凿的洞窟。❺ 八木春生则在文章中将麦积山北朝至隋代的洞窟分作九期，并详细讨论了各时期影响麦积山石窟造像的不同因素及麦积山石窟的地域特征。❻

初师宾在《石窟外貌与石窟研究之关系——以麦积山石窟为例略谈石窟寺艺术断代的一种辅助方法》一文中提出了"石窟外貌"的概念，认为应将视线拉远，不局限于单独的洞窟，而是从整个崖面的洞窟布局和使用情况出发，分

---

❶ 魏文斌. 麦积山石窟初期洞窟调查与研究 [D]. 兰州：兰州大学，2009.

❷ 达微佳. 麦积山石窟北朝洞窟分期研究 [J]. 石窟寺研究，2011 (1)：65-110.

❸ 陈悦新. 从佛像服饰和题材布局及仿帐、仿木构再论麦积山北朝窟龛分期 [J]. 考古学报，2013 (1)：29-58，163-165.

❹ 李裕群. 北朝晚期石窟寺研究 [M]. 北京：文物出版社，2003：112-140.

❺ 李裕群. 麦积山石窟东崖的崩塌与隋代洞窟判定 [J]. 考古，2013 (2)：86-96，2.

❻ 八木春生. 天水麦积山石窟编年论 [J]. 李梅，译. 石窟寺研究，2011 (1)：111-137，13，363.

析洞窟开凿的先后关系。❶

在加固工程开始之前，初师宾也注意到了栈道考古的重要性，这与他提出的重视石窟外貌辅助断代、重视石窟群一切遗迹、将石窟视为一个整体进行研究等观点是一致的。他认为栈道桩眼的密集程度与建窟、重修关系密切，洞窟各时代榜书题记的多寡也能反映出当时栈道的分布、连通状况。❷ 但是初师宾撰文时所见到的石窟外貌与加固工程之后的石窟面貌已经不同。目前针对麦积山石窟栈道考古进行研究的主要有董广强，他以残存的木栈道桩孔、早期的照片资料、口述史资料为基础，以工匠的视角分析栈道的建筑结构、栈道与洞窟的打破关系等，讨论了如第98窟与周边洞窟的关系、第3窟和第4窟之间的栈道关系、第127窟的开凿年代等具体的问题。❸

在造像与壁画的艺术风格研究方面，20世纪80年代后出版了多部图录及麦积山石窟内容总录，从艺术评述、图像与信仰研究、风格源流对比研究等多个角度展开了深入且细致的研究。

孙纪元在其文章中回顾了麦积山石窟雕塑艺术的发展变迁，分述了麦积山北魏、西魏、北周、隋等朝代的政治历史背景及各代的代表性洞窟、作品。孙纪元阐述了一个较新的问题，即对麦积山石窟泥塑所用材质与泥塑造像、敷彩方法的完整解析。❹ 胡承祖在查阅众多的文献资料后概述了麦积山石窟的历史发展，对麦积山石窟历代雕塑艺术的研究按照朝代进行了分类，并分述了每一历史时期的主要作品。他总结出麦积山石窟艺术的特征表现在四个方面：一是麦积山石窟是我国泥塑群像分布最集中、时代最古老、内容最丰富的地方；二是石窟塑像具有浓郁的世俗化和人格化特点；三是麦积山造像艺术具有形神兼备的美学特征；四是麦积山石窟是一座民间石窟。❺

张学荣、何静珍在《麦积山第133窟10号造像碑内容辨析》中概述了第

---

❶ 初师宾. 石窟外貌与石窟研究之关系——以麦积山石窟为例略谈石窟寺艺术断代的一种辅助方法 [J]. 西北师大学报（社会科学版），1983（4）：84 – 98.

❷ 同❶.

❸ 董广强. 麦积山石窟栈道考古 [M]. 兰州：甘肃人民出版社，2018.

❹ 孙纪元. 麦积山雕塑艺术的成就 [G] // 郑炳林，魏文斌. 天水麦积山石窟研究文集（下册）. 兰州：甘肃文化出版社，2007：183 – 192.

❺ 胡承祖. 麦积山石窟雕塑艺术论略 [J]. 丝绸之路，1999（S1）：22 – 29.

10 号造像碑所存放的第 133 号洞窟，对第 10 号造像碑 12 幅画面所描绘的内容对照有关经文逐一进行了考证。值得一提的是，该文对画面与经文的描述及引用都极为详细和全面。该文总结提出：麦积山第 10 号造像碑不是弥勒菩萨成道碑，实是释迦牟尼佛传故事碑；佛传碑依据的主题思想及佛教教义以《法华经》的经文为主，以《维摩诘经》的经文为辅；僧俗同修、共得佛果也是麦积山北魏晚期佛教思想的具体概括。❶ 谢生保、陈玉英也就第 133 窟造像碑进行了研究，撰文《麦积山石窟第 133 窟造像碑研究综述》。与前文的侧重点不同，本文虽同样论及第 133 窟石刻造像碑的发现、题材、内容、风格特点、雕刻时代、来源等问题，但作者是从一个全新的研究角度即用综述的方式总结前人的研究成果，并展开进一步的调查与深入研究。❷

关于单体洞窟或者造像的个案研究亦有相应的研究成果，如项一峰对第 43 窟的研究❸、郑国穆对第 76 窟的研究❹、孙晓峰对第 127 窟的研究❺等。这些文章或对某一洞窟的年代进行研究，或对造像壁画等内容进行考证。

不但麦积山石窟保存有一些史料价值很高的碑刻文献，而且瑞应寺保存有1500 多件唐至明清时期的佛教、世俗文书等珍贵文书，是麦积山石窟研究不可或缺的重要文物。这一阶段也逐渐加强了对这些文物的介绍和研究。

阎文儒的《麦积山石刻跋识》概述了麦积山存留的几块石刻跋识，有李师中摩崖刻诗、七佛龛西壁大石柱题记、游师雄等的题名、四川制置使司给田公据考、李筌刻石等九块主要石刻。阎文儒记录了原石刻的文字并作了详细的注释说明，具有重要的资料性价值。❻ 夏朗云在《摩崖题刻"麦积山"考》中辨析了麦积山东崖面上的三个摩崖题字"麦积山"，认为其字体有明代的"馆阁

❶ 张学荣，何静珍. 麦积山第 133 窟 10 号造像碑内容辨析 [G] //郑炳林，魏文斌. 天水麦积山石窟研究文集（下册）. 兰州：甘肃文化出版社，2007：709 - 716.

❷ 谢生保，陈玉英. 麦积山石窟第 133 窟造像碑研究综述 [J]. 敦煌研究，2003 (6)：23 - 28，110 - 113.

❸ 项一峰. 麦积山第 43 窟研究 [J]. 敦煌研究，2003 (6)：54 - 57，111.

❹ 郑国穆. 麦积山第 76 窟考察 [J]. 敦煌学辑刊，2005 (3)：134 - 145.

❺ 孙晓峰. 麦积山石窟第 127 窟研究 [D]. 兰州：兰州大学，2014.

❻ 阎文儒. 麦积山石刻跋识 [M] //阎文儒. 麦积山石窟. 兰州：甘肃人民出版社，1984：110 - 133.

体"书风，这一题字填补了自开窟以来麦积山无标志性摩崖题名的空白。❶

在基础的考古历史研究之上，麦积山石窟的展示利用工作也体系化展开。石窟的展示利用分为本地展示和异地展览两个方向开展。

近年来各领域学者对于整体石窟的研究开始注重石窟的空间性和多元的价值认定。石窟寺的研究要扩展观察的内容和视角，不仅要研究石窟中的壁画和塑像，更应该扩展至石窟建筑以至整个窟群。前期的考古学、美术史学时间线性研究已经为空间性研究打下基础，特别是考古学研究也早早注意到了石窟整体面貌的研究。文化遗产学中文化景观视角的加入也将有助于石窟的空间性研究。美术史学也开始了空间方面的讨论。美术史学对石窟的研究虽然始于单独洞窟的研究，但是现在也有了将注视点向外延伸的研究趋势。总之，新的学术研究视角带来新的价值认知，人们注意到对麦积山石窟的认知不应当局限于单体造像，应该从整体空间的视角挖掘石窟的多元价值，如文化价值、科学价值等。

2. 公众展示

麦积山石窟专门的展览展示活动截至目前只有 7 次，最早可以追溯至 1992 年在日本与高桥屋合作的"中国麦积山石窟展"，这可能与早期日本学者对麦积山石窟的研究及对麦积山北魏造像和日本推古时期佛像的比较研究有密切联系。近年来展览活动逐渐增多，如 2016 年在成都博物馆举办的"丝路之魂・敦煌艺术大展暨天府之国与丝绸之路文物特展"，2021 年在安阳博物馆举办的"丝路华光——敦煌、麦积山石窟艺术展"及在常州博物馆举办的"东方微笑——麦积山石窟艺术展"等。以博物馆展览为基础的展览展示研究能够反映出当下相关从业者对麦积山石窟价值的认知。但是目前博物馆在具体的展览操作中还是注重麦积山民俗特点的阐释，还没有拓宽麦积山石窟展示利用的尺度，没有展示出麦积山的多元价值。

---

❶ 夏朗云. 摩崖题刻"麦积山"考［M］//甘肃省历史学会，张掖地区地方史志学会. 史学论丛（第 9 集）. 兰州：甘肃文化出版社，2000.

第四节　小　　结

本章回顾了 20 世纪 40 年代以来麦积山石窟从荒芜到再发现及保护研究的历程，按照麦积山石窟保护史的时间节点分析了相关主体在麦积山进行的考察活动及其带来的影响，总结了各阶段的工作背景与工作特点，分析了不同阶段的主导价值认知理念。

进入 20 世纪，来自西方的刺激与我国学者的觉醒让我国的石窟保护意识萌发，我国学者在 40 年代前进行的一系列文物保护探索、天水学者冯国瑞对麦积山石窟的考察及《麦积山石窟志》的出版使麦积山石窟重回国人视野。不同学科背景的保护人群在麦积山石窟进行的保护活动体现出各自的保护理念与价值认知，彰显着我国石窟保护工作的时代特征，也成为后续麦积山石窟考察保护过程中的重要参考。

中华人民共和国成立后的麦积山石窟价值认知经历了一个从艺术价值主导宣传到重点研究历史价值、展示利用艺术价值的变化过程，这一变化与麦积山石窟的栈道架通、石窟本体加固工程、公众开放都密切相关。

自 1952 年西北考察团考察过后至 1966 年全部栈道架通前，由于麦积山栈道不连通，各方面的学术研究难以开展，也难以向公众开放。这一时期对于麦积山石窟的研究大多为美术学家进行的雕塑、壁画研究，艺术价值认知占据主导地位。

1966 年，麦积山石窟栈道基本连通，大部分洞窟均可通达，此时才可以展开全面的考古工作与断代研究，麦积山石窟的历史价值越发受到重视。1972 — 1984 年进行的本体加固工程完工，栈道的安全性、稳定性得到保障，麦积山石窟的整体空间得以展示，使得"历史价值全面引领"的工作方向在麦积山得以进一步落实。但这一时期采用的喷锚加固技术也加剧了渗水问题对文物的影响，掩盖了一部分具有考古学价值的崖面遗迹。

1984 年，麦积山石窟面向公众开放，石窟价值研究进入全面发展阶段，学术研究仍以历史考古及造像壁画等内容为重点，但在原有的艺术与考古研究成果的基础上进行了更加深入、全面的分析探索。栈道材质变成更加坚固的钢筋混凝土后，游客承载量增加，麦积山成为兼具旅游性质的文物古迹单位，而对艺术价值的导览更加大众化了。

祁姿妤◎绘

第五章

21世纪：作为世界遗产的价值认知与保护管理

豆积寺　　麦积村寺沟组　麦积村上河组　舍利塔

瑞应寺　　麦积山石窟艺术研究所

香积寺筹备处

上河沟　　校场　校场里　甘肃林学院林场

当下世界文化遗产的评定赋予麦积山石窟以更广阔的阐释空间，因此有必要从亚洲文化地理版图，以宏观政治文化历史视野，以多元主体为视角，重新评估麦积山石窟的价值和意义。

村民在近现代曾参与石窟栈道维修、景区讲解、塑像保护，形成了新的人地关系。

进入 21 世纪，麦积山石窟进入新的发展时期。2014 年 6 月 22 日，麦积山石窟被列入世界遗产"丝绸之路：长安—天山廊道的路网"文化遗产项目。

为了深入理解世界遗产申报前后麦积山石窟的保护、展示、利用关系，本章将应用文化景观方法论对麦积山石窟的核心价值进行分析，梳理与之相关的多方利益主体。

第一节　成为世界遗产的过程与价值认知思考

一、 麦积山石窟的遗产化阶段

1961 年麦积山石窟成为第一批全国重点文物保护单位。从 20 世纪 80 年代末开始，联合国教科文组织世界遗产委员会非常关注丝绸之路沿线文化遗产的价值认定，并于 90 年代初组织了三次大规模的丝绸之路文化遗产考察活动。从 2003 年开始，联合国教科文组织又对丝绸之路中国段进行申遗调研并形成了考察报告，为近年实质性推进中国和中亚国家联合申报丝绸之路世界遗产工作奠定了基础。

2006 年 8 月，国家文物局和联合国教科文组织世界遗产中心在新疆吐鲁番召开丝绸之路跨国联合申报世界文化遗产国际协商会议，签署了《丝绸之路跨国申报世界遗产吐鲁番初步行动计划》，标志着丝绸之路跨国（中国、哈萨克斯坦、乌兹别克斯坦、塔吉克斯坦、吉尔吉斯斯坦、土库曼斯坦）联合申遗工作正式启动。

经过多年的努力，2014 年 6 月 22 日，麦积山石窟被列入"丝绸之路：长安—天山廊道的路网"世界文化遗产项目。

二、 成为世界遗产后的价值认知

麦积山石窟成为世界文化遗产后，对其价值的认知步入多元化。尤其是通过应用文化景观方法论，从佛教造像本体到自然环境整体，从北魏开龛凿石到近现代"东方雕塑"再发现，多方面挖掘与统合麦积山石窟的价值，使其在当下与未来的保护、展示、利用过程中呈现出全面、丰富、层次多元的核心价值，彰显其在中国石窟寺遗产大类型中独特的定位，使麦积山石窟焕发新的生机。

（一）历史价值

1. 麦积山石窟真实反映了佛教中国化的过程

麦积山石窟保存着 5—6 世纪的洞窟遗存，以明显的中国式佛殿建筑的石窟形式、早期的经变画及汉族化形象服饰造像等遗迹，见证了河西陇东地区佛教多次受到大同、洛阳、长安等地佛教文化、艺术风格的影响。

2. 麦积山石窟是佛教遗址的重要类型，见证了不同时代的信仰变迁与社会风尚

麦积山上 221 个洞窟与山下寺庙、山顶舍利塔共同组成了具有特定功能的建筑组群，与周围环境共同见证了当地历史上僧侣讲经布道、日常生活、信众礼佛修行的全过程。

（二）艺术价值

1. 麦积山石窟是河西走廊及周边地区仅次于敦煌莫高窟的大型石窟，其中佛教造像数量众多，跨越时段长，题材广泛，是 5—13 世纪以中国泥塑为代表的雕塑艺术杰作的宝库

由于麦积山岩体属于第三纪砂砾岩，石质松散粗糙，不宜雕刻，所以发展出了以泥塑为代表的造像手法。泥塑较之石雕更易表现生动微妙之情态，其中北朝至宋代的大量早期造像作品手法细腻、风格秀雅，显示出了极高的艺术成就。

2. 麦积山石窟造像是中国佛教艺术在 5 世纪初至 6 世纪末风格转变的突出代表

佛教入华以来，在 5—6 世纪经历了两次造型艺术的重要变化：第一次是由"胡貌梵相"转为"秀骨清像"，时间在先秦至北魏中期、北魏中期至西魏两个时段，标志性事件是孝文帝迁洛，南方纤细轻盈的褒衣博带风格流行于此，远及敦煌。第二次是由"体态清秀"转为"敦厚圆润"，时间在北魏中期至西魏、北周至隋唐，展现出北周至隋代长安地方风格对麦积山石窟造像艺术的影

响。两次转变既体现了佛教艺术中国化的过程，也为后期隋唐造像艺术的蓬勃发展打下了基础。秦州地处当时的交通要冲，各种文化因素在此碰撞、交融，来自西域、长安、洛阳与南朝的佛教艺术样式也在此碰撞、交融，所以各种石窟造像艺术风格在麦积山石窟中都有所体现。

3. "薄肉塑"技法结合了浅浮雕和壁画两种艺术形式，是麦积山石窟的独创技法

麦积山石窟第 4 窟檐廊外侧的"薄肉塑"以技法的创新再现飞天轻盈灵动的形象，反映了工匠杰出的想象力与创造力。

（三）科学价值

1. 麦积山石窟的选址与开窟体现了我国古代先人对于自然地理环境与地质条件的认识

麦积山石窟地处秦岭余脉、小陇山林区之中，山形独特，如农家积麦之状，山体呈85°倾斜，地质构造属侵蚀性低山丘陵区。区内地形复杂，山峦起伏，相对高差大，气候垂直和区域性差异显著，独特的地理区位条件使麦积山较少受到喧嚣城区的干扰，与僧侣隐世修行的追求相符。因此，麦积山石窟的选址体现出先人对于工程地质的认识。

2. 麦积山现存的崖壁窟龛与栈道遗迹是古代石窟营造工程技术的典范

在离地面百米的麦积山悬崖上完成的上下 14 层的开窟造像、崖阁建造与栈道工程，凝聚了我国南方自战国时期生发的开窟技术和栈道技术，体现了我国南北方工程技艺的流通传播，反映了古代关陇地区工匠高超的施工技艺。

3. 麦积山石窟的营造是古人对于岩体性质的认识与充分利用

石窟寺是利用自然岩体营造的工程，所以岩体的地质条件不仅影响着营造的难易程度、工程规模，更左右着洞窟类型和造像题材的选择。此外，由于石窟寺均是在天然岩体中建造的工程，必然要面对诸多岩体病害问题，如岩体失稳、渗水等。麦积山石窟在营建过程中便考虑到这一问题，在修凿的过程中调整洞窟开口，利用自然通风降低洞内湿度，减轻湿热环境对于造像和建筑的破坏。20 世纪 80 年代进行的山体加固工程同样考虑了排水问题，针对各个渗水

点预先放置草绳转移水分，预防水害问题。对渗水问题的持续治理与关注亦是麦积山石窟科学价值的体现。

（四）景观价值

麦积山石窟的选址既体现了 5—6 世纪盛行的禅修活动在石窟选址中坐山傍水的共性特点，又因地制宜，结合陇右地形地貌，选择了群山拱卫、奇峰耸立、山形奇绝的麦积崖，周围丘陵环绕，溪水潺潺，唯其一峰独秀，在深林茂草中以绝壁挺立的孤峰统领着整个区域景观，具有高远的审美效果。这一自然山体的选址本身就结合了名山大岳的灵山崇拜与传统审美，体现了佛教中国化的关键过程。

天水地处甘南地区，有"陇上江南"之美称，春夏秋冬四季分明。麦积山夏季烟雨蒙蒙，冬季白雪皑皑，具有特征鲜明的季节性自然景观，被赞为"西北山水林泉之冠"。由于麦积山周围有豆积山、香积山等群山环绕，村落与道路掩藏于山麓之间，独特的地形地貌使山川草木成为其环境衬托。山崖前后有两条山涧溪水，合围形成独特的地形小气候，降水充沛，雨季山顶时常烟云缭绕，崖壁、窟龛、佛阁时隐时现，形成"麦积烟雨"景观，引人神想。

麦积山有典型的丹霞地质地貌，崖壁红色砂砾岩峭壁与山顶苍翠茂林共同构成富有美感的孤峰奇景。周围动植物种类丰富，具备生物多样性特征。麦积山周边植被茂密，有松、柏、梧桐、玉兰、红豆杉等数十种乔木及苹果、核桃、梨、山楂、木瓜、杜仲等经济林木。此外还分布有数十种野生动物，包括野猪、狼、獾、鹿、斑羚、蛇、刺猬、松鼠、野兔、猫头鹰、中华锦鸡等。良好的生态环境也给石窟本体保护带来了挑战。

（五）文化价值

1. 宗教文化

麦积山石窟是"石窟中国化"的典型代表，不同群体的文化特征相互作用于麦积山石窟，丰富了其文化内涵。作为佛教文化遗迹，麦积山石窟自北朝开凿以来得到持续的经营和重修，以维护其宗教文化氛围。

宋代麦积山依然为宗教圣地，进行了大量重修、重妆活动。至明清时期，宗教文化与民间信仰相互交融，一些信仰文化活动延续至今，在周围村落信仰中占有重要地位。明清麦积山瑞应寺作为临济禅宗的正式寺院和官寺，宗教影响力仍然很强。在举办大型佛教法事、组织石窟的重修和重妆活动过程中，僧侣们留下大量的题记、碑刻和佛教文物。受民间信仰和习俗的影响，麦积山石窟也出现了一些民间节日和活动的产物，如祈雨活动和元宵节"游百病"活动等。

2. 民族文化

自前秦以来，汉、氐、羌、吐蕃等少数民族都为天水地区的经营发展做出了贡献，多民族在佛教文化的统摄下呈现出和谐互助的发展态势，麦积山石窟就是这种多元民族文化的凝练展现。

北魏中后期，孝文帝从平城（大同）迁都洛阳，提倡汉化礼制，倡着汉服，禁断胡语。时人对南方文化高度推崇，南方的造像面容和服装雕刻方式迅速传播到北方。这一潮流在中国北方各大石窟都可以看到。到了北魏晚期，北方石窟，包含云冈二期、三期及龙门石窟、巩义石窟、麦积山石窟等，雕塑风格纷纷"改梵入夏"。

宋代麦积山石窟地处边境，北宋时期是吐蕃部族的聚集地，在北宋和西夏交战前线的后方，南宋时期是宋金交战的前线，受到了多个民族、多个政权的影响。

3. 地区文化

麦积山石窟在南北朝时期即为文化交融之地，北朝文化中心云冈、龙门石窟的造像特点均影响了麦积山石窟的造像。由于麦积山石窟地处天水，处于陇蜀古道和长安—天山丝绸之路交会点，宋代麦积山石窟佛像着衣所表现出的北方与南方造像特点反映出麦积山石窟在南北文化交流中仍具有重要地位。

麦积山石窟也反映了秦州当地的文化传统，如崇拜杜甫、建构"秦州十景"。杜甫曾寓居秦州，并留下了《秦州杂诗二十首》，其中《山寺》一诗可能与麦积山相关。宋代以来秦州地方文人持续建构杜甫与麦积山的关系，发展到明清时期这一关系已成为麦积山的文学内涵。

"秦州十景"反映了秦州士人对地方名胜的选择与设计，再现了麦积山作为地方名胜的文化空间分布。"麦积烟雨"的建构发展过程体现了东方文化体系中特有的景观设计文化传统。明清时期麦积山石窟特殊气候下的烟雨景象以"麦积烟雨"纳入"秦州十景"之中，成为秦州当地的文化标志。

（六）社会价值

1. 麦积山石窟是中华民族祖先留存下来的具有世界影响的历史文化遗产

麦积山石窟拥有珍贵而丰富的历史文化信息和优秀艺术作品，是我国重要的爱国主义教育基地和遗产保护科学研究基地。

2. 麦积山石窟以突出的遗产价值成为甘肃省天水市文化资源的重要组成部分

天水市政府和人民非常重视石窟遗产，并为拥有该遗产而感到自豪，围绕麦积山石窟的科学保护与合理利用已成为天水市社会、文化、经济发展和生态保护的重要主题。

3. 麦积山石窟成为美术教育基地

中华人民共和国成立以来，麦积山石窟与国内各大美术院校合作，开展实地临摹教学活动，助力我国的美术教育发展。

第二节　麦积山景区相关利益主体

一、　管理机构

目前，麦积山景区实行多个部门共同管理的机制，管理部门涉及文物、建设、林业、自然资源四个纵向系统，并分别建立了专业的管理机构和相应的法律法规保障体系。本节将从四个外部管理机构出发，纵向分析相关利益主体产生的原因和现状。

麦积山景区四个管理机构的关系如图5.1所示，从右向左，各管理机构介绍如下。

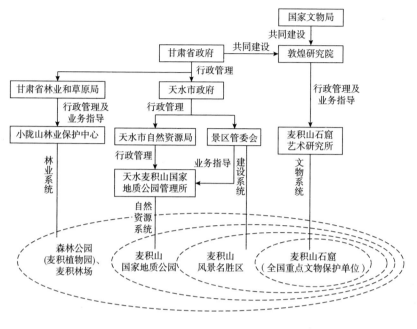

图 5.1　麦积山景区相关利益主体

1）文物系统。国家文物局直属部级单位敦煌研究院，下辖麦积山石窟艺术研究所，对其进行行政管理及业务指导。

2）建设系统。天水市政府下设派出机构麦积山风景名胜区管理委员会（简称"景区管委会"），直接管理麦积山风景名胜区，并对天水麦积山国家地质公园管理所进行业务指导。

3）自然资源系统。天水市政府下辖天水市自然资源局，下设局属单位天水麦积山国家地质公园管理所，与天水市地质博物馆同挂一块牌子，直接管理麦积山国家地质公园。

4）林业系统。甘肃省林业和草原局下设直属单位小陇山林业保护中心，对其进行行政管理及业务指导，并由保护中心直接管理森林公园（麦积植物园）。

其中，建设系统和自然资源系统属于天水市政府管理体系，而建设系统、自然资源系统、林业系统又属于甘肃省政府管理体系。

多个部门管理机制的形成有复杂的历史原因。旅游学相关研究表明，这种机制形成的原因主要为行政区划、土地归属和行业管理❶，是目前不少旅游风景区普遍存在的问题。

对于麦积山景区而言，不同种类的用地与多旅游资源的划分错综复杂。小陇山林场的存在与当地特殊的地质条件使其在区划中属于不同的单位，麦积植物园与麦积林场被划归由林业系统的小陇山林业保护中心管理，而麦积山国家地质公园又归属于自然资源系统的天水麦积山国家地质公园管理所。根据《旅游资源分类、调查与评价》（GB/T 18972—2017）中的划分，文物古迹属于旅游资源，但由文物系统管理。因此，在麦积山景区存在多个管理机构管理不同类别资源的情况。

上述管理机构有各自的管理体制与法律法规保障体系，并且对应多个保护称号，见表5.1。

表5.1　麦积山景区多家管理机构的法律法规保障体系

保护称号	法律法规名称	颁布机构	性质	法律法规应用的管理系统
世界文化遗产名录	《世界文化遗产保护管理办法》	文化部	部门规章	文物系统
	《中国世界文化遗产监测巡视管理办法》	国家文物局	部门规章	
全国重点文物保护单位	《中华人民共和国文物保护法》	全国人民代表大会常务委员会	法律	
	《中华人民共和国文物保护法实施条例》	国务院	行政法规	
	《甘肃省文物保护条例》	甘肃省人民代表大会常务委员会	地方性法规	
	《甘肃省实施文物保护法办法》	甘肃省人民代表大会常务委员会	地方性法规	
	《甘肃省人民政府关于进一步加强文化遗产保护工作的意见》	甘肃省人民代表大会常务委员会	地方规章	
	《麦积山石窟保护管理办法》	甘肃省人民政府办公室	地方规章	

---

❶ 蔡湛，郑振华. 旅游区多头管理的弊病及对策研究［J］. 中国集体经济，2010（10）：132–133.

保护称号	法律法规名称	颁布机构	性质	法律法规应用的管理系统
麦积山风景名胜区	《风景名胜区条例》	国务院	行政法规	建设系统
	《甘肃省风景名胜区条例》	甘肃省人民代表大会常务委员会	地方性法规	
甘肃天水麦积山国家地质公园	《中华人民共和国环境保护法》	全国人民代表大会常务委员会	法律	自然资源系统
	《地质遗迹保护管理规定》	国务院地质矿产部	部门规章	
	《甘肃省地质环境保护条例》	甘肃省人民代表大会常务委员会	地方性法规	
麦积国家森林公园	《中华人民共和国森林法》	全国人民代表大会常务委员会	法律	林业系统
	《甘肃省实施〈中华人民共和国森林法〉办法》	甘肃省人民代表大会常务委员会	地方性法规	
	《国家级森林公园管理办法》	国家林业和草原局（原国家林业局）	部门规章	
	《甘肃省森林公园管理办法》	甘肃省人民政府	地方规章	
麦积国有林场	《国有林场管理办法》	国家林业和草原局	部门规章	
	《甘肃省国有林场管理办法》	甘肃省人民政府	地方性法规	

在法律法规层面，麦积山风景区的法律保障体系横向涉及面广，纵向法律渊源的分级规定比较完善，各系统的管理部门对各体系法规的执行情况也较好。现有四家管理机构均按照各自系统的政策要求对遗产进行监管，基本可以发挥各自的作用，具有一定的效果。

在管理职权方面，四家管理机构的具体职权如下：

1）管理机构麦积山石窟艺术研究所对遗产核心区和缓冲区的活动进行管理，实际操作中其管理范围与执法权限仅限于石窟本体及瑞应寺广场附近，对遗产核心区和缓冲区内其他地区的旅游开发、违章建设等行为没有执法权。

2）建设机构麦积山风景名胜区管理委员会主要负责风景名胜区内的规划、旅游、经营、基础设施建设等工作，主导遗产核心区和缓冲区内大部分地区的建设、管理、执法活动，负责门票的管理、经营和收益的统一分成。麦积山石窟艺术研究所虽然是遗产保护的主导部门，但门票收入按一定比例分成后，仍有较大部分未能投入遗产的保护。

3）自然资源机构及林业机构中，麦积山国家地质公园管理所主要负责麦积山国家地质公园保护管理工作，小陇山林业保护中心主要负责小陇山林场的管理及辖区森林的造林、营林、管护等相关工作。这两个机构主管遗产核心区和缓冲区内的全部土地，麦积山石窟艺术研究所可使用的土地只在瑞应寺广场周围的窟区一带，对更大范围内的土地进行租赁或征用困难，导致艺研所必要的现场管理用房没有合适的土地进行建设。

综上所述，麦积山景区四家管理机构在管理范围、职权方面还没有针对石窟管理需求和管理目标达成统一的认识，麦积山石窟艺术研究所缺少对遗产核心区和缓冲区有效的管理和控制，在建设、管理、执法、收益分成和土地利用方面存在职权交叉，麦积山石窟未来的发展也受到目前的管理机制的阻滞。

二、 其他群体、机构及相关人员

麦积山近年来参与遗产互动的人群还包括社区群体、合作研究机构、普通游客。由于他们的参与，人们对麦积山石窟的共同认识和价值传播都受到了一定的影响。

（一）社区群体

麦积山周围社区主要为麦积村及草滩村，根据社区群体的身份，可以大概分为管理机构员工、工匠、旅游从业者与普通村民。

麦积山景区及麦积山石窟艺术研究所部分员工来自周围社区。麦积山上河、寺沟组有 29 名村民为管理机构员工，分别从事安保、环卫、车队司机、售票、后勤等工作。景区管委会有相关措施，鼓励附近村民成为景区讲解员，进行上窟以前的讲解活动。不少村民参与过麦积山栈道建设工程，如麦积村的陈维吉老人20世纪70年代作为电工参与修建栈道，引电至工地。

随着麦积山石窟"遗产化"，周围社区也受到旅游业带来的经济发展的影响。部分村民主要以开办农家乐、售卖旅游小商品的方式参与乡村旅游。现麦积村仍有128家农家乐，经营状况较好的农家乐年收入可达20万～30万元。大部分村民主要从事农耕，粮食作物以小麦、玉米和荞麦为主。

（二）合作研究机构

与麦积山石窟相关的研究机构主要为保护规划修编团体、世界遗产申报团体、国内外文化保护机构及高校相关专业和机构。

在保护规划修编、世界遗产申报方面，天津大学建筑设计研究院修编了《麦积山石窟保护规划（2009）》；中国建筑设计研究院建筑历史研究所参与了丝绸之路沿线遗产点的世界遗产申报工作，并起草了《麦积山石窟管理规划（2012—2018）》。

麦积山石窟艺术研究所与国内外多个文物保护机构、高校有长期的项目合作，如与敦煌研究院、中国文化遗产研究院合作开展"壁画修复技术和应用材料研究"项目，与日本筑波大学合作开展"麦积山石窟周围环境调查"项目，与兰州大学等高校文物保护专业开展专项合作，与复旦大学国土与文化资源研究中心合作进行麦积山石窟遗产价值研究及新版保护规划的修编。

（三）普通游客

随着麦积山石窟"遗产化"，国内旅游人数大大增加。特别是2014年麦积山石窟成为世界遗产点后，麦积山石窟的知名度大大提升，国内外大批游客来到麦积山石窟游览、参观。根据对麦积山石窟寺门票信息的统计，游客参观时间段主要集中于每年的6—10月。2016年国庆节期间游客人数达到63 573人，日均客流量达9081人次。❶

---

❶ 李天铭，祁姿妤，陈孟轩. 麦积山石窟游客承载量问题的探索［J］. 自然与文化遗产研究，2021，6（6）：45－51.

第三节　新世纪的麦积山石窟人地互动

麦积山石窟在申遗成功后出现了新的管理体制，在管理制度、管理形式、管理内容、管理水平等方面与申遗前相比都有了明显的改善和提升，如管理科学化，在游客参观、当地村民利用遗产就业、山间日常生活、信仰方面等形成了新时期的人地关系。

一、麦积山石窟保护管理体系架构与工作内容

21 世纪以来，麦积山石窟发展的最大转机为成功申报世界文化遗产。2014 年 6 月 22 日，麦积山石窟作为中国、哈萨克斯坦和吉尔吉斯斯坦三国联合申报世界遗产的项目"丝绸之路：长安—天山廊道的路网"中的一处遗址点成功列入《世界遗产名录》。

有学者对申遗后麦积山石窟的管理体制进行过分析。《麦积山石窟申遗成功前后管理对比研究》一文对比了申遗前后麦积山石窟管理制度、管理形式、管理内容、管理水平四个方面，梳理、汇总了管理过程中的成功之处，指出了存在的不足并提出了改进策略。❶《麦积山石窟管理体制的思考和探索》则从工作实践的角度出发，分析了现有管理体系架构的形成，提出了解决现行管理体制弊端的有效途径。❷

纵观 21 世纪以来麦积山石窟的主要工作，分析近二十年麦积山石窟艺术研究所的工作年报，可以发现，在现有的管理架构统筹下，麦积山石窟艺术研究所以保护、研究、弘扬三个方面为核心开展工作，其工作情况可以分为如下三个阶段。

（一）第一阶段（2000—2010 年）

在第一阶段，麦积山石窟艺术研究所启动申遗工作，工作重心主要在石窟

---

❶ 李亮，薛林，杨楚璟，等. 麦积山石窟申遗成功前后管理对比研究 [J]. 东方收藏，2021（21）：72 - 75.
❷ 李天铭. 麦积山石窟管理体制的思考和探索 [J]. 中国文化遗产，2016（1）：65 - 67.

本体保护，研究、弘扬工作比较薄弱，未制定相关管理条例，机构人员配置仍为粗放型。

1. 保护工作

主要对窟内壁画、塑像及栈道进行日常修复、定期安全检查和卫生清理；逐年推进窟龛的建档工作和洞窟测绘工作；在早期工作中，针对损坏较严重的第70、71、74窟开展抢救性修复工作；对石窟周围环境进行初步监测与数据收集，针对生物病害开展调查与防治工作，但仍存在监测设备与能力不足的问题。

2. 研究工作

基础研究工作比较薄弱，初步完成了对洞窟及文物的现状调查，出版了麦积山历史沿革方面的书籍，但已有研究成果较少，缺少对学术问题的深入挖掘。

3. 弘扬工作

宣传工作主要围绕提升国内知名度展开，聚焦于5A级国家风景名胜区的申请评定，但围绕申遗工作的准备不够充分，国内外影响力、知名度不足。

（二）第二阶段（2011—2015年）

这一阶段麦积山石窟艺术研究所全力准备申遗，带动了所内各项工作的发展，在2012年世界文化遗产申报进入正式程序后，保护、研究、弘扬工作都取得了相应的进展。

1. 保护工作

遗产管理工作系统化，完成了《麦积山石窟保护管理办法》的修订，严格文物保护修复工作流程，各修复项目都遵循病害现状调查、图纸绘制及方案编写的流程，修复完成后进行验收，并同步整理、完善保护修复档案；对麦积山石窟本体及周边环境开展全面监测，修改并招标实施了《天水麦积山石窟监测预警体系设计方案》，初步完成监测预警体系和监测管理制度建设并联网运行；与高校、研究院合作开展了栈道监测实验、危岩治理、塑像和壁画数字化勘察测绘工作。

2. 研究工作

在积极学习敦煌研究院、大足石刻博物馆等相关单位的科研管理经验、办法后，2011 年对所内学术委员会进行了改组和调整，制定出台了《内部科研课题管理办法》《学术讲座办法》《业务人员外出参加学术会议管理办法》。课题申报、经费支持、专家指导工作的完善提高了所内研究人员的积极性，形成了良好的学术研究氛围。内部管理制度的变化标志着麦积山石窟艺术研究所学术研究工作走向规范化。

3. 弘扬工作

2012 年完成了瑞应寺"麦积山石窟历史沿革展"的提升工作，并在国内外举办了"麦积山石窟壁画临摹展"。2013 —2014 年，在全国范围内配合申遗工作开展了一系列的宣传活动。申遗成功后，麦积山石窟艺术研究所改变管理思路，加强国内外交流合作，恢复和发展了与国内主要石窟单位之间的业务联系和人员交流，并于 2015 年参加了"2016 年度中国博物馆海外推介精品展览"。

（三）第三阶段（2016 年至今）

2017 年，麦积山石窟艺术研究所调整为敦煌研究院直属事业单位，所内保护、研究、弘扬工作在统一架构下有序开展。相较于前两个时期，管理工作得到前所未有的重视，成为麦积山石窟艺术研究所工作的重要部分。

1. 管理工作

2017 年，对科室设置进行了调整，设有办公室、人力资源科、保卫科三个管理科室和考古研究室、保护研究室、美术研究室、信息资料室、数字中心、社会教育部六个业务科室；同年，实施了《麦积山石窟艺术研究所绩效考核实施方案（试行）》，建立了相应的绩效考核与分配机制；重视人才队伍建设和业务培训，加大人才引进力度。此后，麦积山石窟艺术研究所不断健全各项管理制度，为事业发展提供有力支撑。

2. 保护工作

这一阶段的工作由注重抢救性保护向抢救性与预防性保护并重转变，由注重文物本体保护向文物本体与周边环境、文化生态的整体保护转变。2016 年立项编写《麦积山石窟预防性保护项目》，通过重点项目的实施，以重点工作为支撑，以洞窟病害调查为基础，以遗产监测为前提，以日常保养和维护为手段，保护工作全面协同发展。

3. 研究工作

逐步形成全面、系统的学术体系，同步推进研究性专著、论文及课题项目、美术作品等方面成果的产出；加强基础研究、考古调查及专题研究，制定了麦积山石窟近、中、远期考古工作规划，重点攻克栈道安全稳定性检测和游客数据调查工作，为保护工作提供研究支撑。

4. 弘扬工作

在习近平总书记关于传承和弘扬优秀传统文化的重要论述指导下开展相关工作。以"麦积山雕塑国际论坛"为中心，配套出版《麦积山雕塑论坛文集》，将研究与弘扬工作有机结合；在社会教育方面，大力推动讲解宣传，加强通俗出版物的编写；艺术展览工作有所进展，通过出借文物、联合或依托相关机构在国内多个城市举办麦积山石窟艺术主题展，提高了麦积山石窟的知名度。此外，还与国内外电视台及新媒体合作，打造艺术交流品牌。上述举措推动麦积山石窟艺术研究所弘扬宣传工作进入了新阶段，让麦积山石窟逐渐"活"起来。

通过上述梳理、分析可以发现，麦积山石窟发展进入了新时期。在第一阶段的工作中，强调保护先行，而研究、弘扬工作比较薄弱，管理方面主要为粗放型人员配置。经过20余年的发展，麦积山石窟艺术研究所管理水平大幅提升，在保护、研究、弘扬方面积累了一定经验，具备了进一步发展的潜力。未来麦积山石窟艺术研究所还需要转变管理理念，建立起持续发展的良性机制。

敦煌研究院曾提出"基于价值完整性的平衡发展质量管理模式"，并于2018年获得第三届中国质量奖，成为文物领域的系统管理方法，能够对我国文博行业的质量提升发挥积极作用、贡献更大力量。

针对麦积山石窟的发展现状，可以参考敦煌研究院的发展理念，建立起麦积山石窟未来的管理模式（图5.2），将管理作为所内工作的核心，进一步指导保护、研究、弘扬工作，以保护价值完整性和真实性、充分研究麦积山石窟深层价值、传播弘扬麦积山石窟艺术为目标，全面统筹保护、研究、弘扬工作三位一体平衡发展。

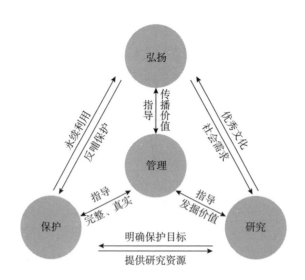

图 5.2　麦积山石窟艺术研究所管理模式理想模型

综上所述，麦积山石窟艺术研究所应当继往开来，大胆地走出大山，探索自身的发展道路，将麦积山石窟作为世界遗产的保护、研究与弘扬工作发扬光大。

二、　旅游参观与公众展示研究

麦积山石窟在栈道未完成连通加固工程之前是不具有旅游参观功能的，直到 1984 年加固工程顺利完成，麦积山石窟才真正向公众开放。但是早期麦积山石窟的游客定位还仅仅局限在甘肃省内及西北地区。成为世界遗产后，麦积山石窟面对的游客数量、范围和层次都有了巨大变化，这也对麦积山提出了新的考验。

通过游客满意度数据分析可知，游客评价中的高频词为"泥塑"，主要原因是麦积山石窟一直以来以精美的泥塑艺术闻名世界。此外，游客对"栈道"一词的认知度也较高，反映了麦积山石窟的显著特点是洞窟所处位置极其险要，大都开凿在悬崖峭壁之上，而且洞窟之间全靠架设在崖面上的凌空栈道通达，有游客表示其惊险陡峻世所罕见。但是相比我国其他大型石窟，麦积山石窟的知名度和客流量稍显逊色，因此游客评论量和词频也稍低。❶ 此外，因麦积山

---

❶ 柯丽红，佟静. 中国四大石窟旅游形象感知对比研究［J］. 内江师范学院学报，2022（2）：110 – 120.

石窟所在的景区分别受麦积山石窟艺术研究所、麦积山风景名胜区管理委员会、小陇山林业保护中心等多个机构管辖，游客因为不了解情况，经常出现二次购买讲解服务等令人不愉快的体验。麦积山石窟成为世界遗产后，也面临更大的游客参观管理的压力。因为麦积山石窟特殊的营造方式及参观条件的限制，现有参观路线比较单一，且不少洞窟不具备向游客开放的条件，所以还需重新设计现有参观线路，重新规划及建设文物展陈中心、数字化博物馆等。这样既可以为游客提供较好的参观条件，对弘扬麦积山石窟的历史文化价值也具有重要作用。

目前麦积山采取了多种措施用于提升游客服务质量，如建设游客服务中心。该中心位于天水市麦积区甘泉镇峡门村，距麦积山石窟8千米，规划总用地面积346亩，总建筑面积259 302平方米，分两期建设，共分为A、B、C、D四个区，分别为游客服务中心（包括售票咨询、演艺展示、"数字麦积山"展示、游客休息区等）、商业及餐饮服务中心（包括特色餐饮服务、休闲娱乐服务、购物商业街等）、综合管理调度中心（可视化管理、智能化运营综合指挥中心）、文化创意中心（文化艺术展览展示交流平台）。项目自2018年6月开工建设，至2022年5月四个区域主体结构已全部完成施工，外墙装饰装修已完成90%以上，其中B、C、D三个区域外墙装饰装修完成95%以上，玻璃幕墙已全部安装完成。景观工程中沥青路面水稳层已施工完成，人行道铺装施工完成50%，景观栏杆施工完成50%，景观铺装正在有序开展。游客服务中心落成之后将有助于在正式参观之前为游客铺垫石窟背景知识，有助于提升游客参观质量。

目前麦积山石窟的展示内容研究主要聚焦于洞窟内的经典造像，在阐释造像内容时注重麦积山石窟民俗价值的挖掘及浪漫化的情感传达，但是这种解读缺乏与最新考古研究成果的结合。

三、 信仰团体与文化空间

由于文物保护的需要，麦积山石窟及瑞应寺的宗教功能逐渐减弱。然而，作为历史上的宗教文化圣地，麦积山在部分村民与游客眼中仍然是朝山进香、顶礼膜拜的宗教圣山。从麦积山石窟西大佛烧香点的设置可以看出麦积山满足了部分村民与游客的宗教信仰诉求。随着麦积山石窟的"遗产化",周围村民自发地将其宗教功能向四周扩展延伸,从而形成新的村落文化空间与民俗活动。

(一) 麦积山周围寺庙现状概述

麦积山周围现存的寺庙多是中华人民共和国成立后村民自发组织重修的宗教建筑,寺庙名号大多沿用了明清时期佛寺的名称。通过访谈了解村民信仰崇拜的对象,可以发现该地区寺庙呈现出宗教多元化的发展态势,即在佛教、道教的基础上融合了民间信仰元素。

明清时期秦州佛教虽总体呈下行趋势,但寺院规模及僧侣团体的数量依然庞大,秦州境内大型佛寺约有 40 处,其中与麦积山关联密切的有瑞应寺(今麦积山石窟前寺院)、崇福寺(麦积山石窟下院)、灵应寺(今仙人崖西崖寺院)、净土寺、豆积寺等。近代以来秦州历经战争等,原先的佛教寺院多已残破,现存寺庙多为重修。

在麦积山石窟申遗成功后,瑞应寺受到世界遗产委员会的监管与国内文物部门的保护管理,为保护文物安全,村民、信众将其宗教功能向麦积山四周扩展延伸。中华人民共和国成立以后重修的寺庙便承接了部分宗教功能,并发展出各自的民俗节日与活动,如豆积寺、瑞莲寺、竹林寺、卧虎寺、蛟龙寺等寺院。例如,看戏是附近村民参与民间信仰活动的重要方式之一,瑞应寺前的二层戏楼(现为瑞应寺广场)拆除后,这一文化空间转移到了瑞莲寺和豆积寺等寺庙,并延续了每年农历七月十二庙会唱戏的民俗传统。

寺庙的社会联结作用普遍存在于我国各地乡村,只是每个地方祭祀的神祇、仪式有所差异。❶ 由于麦积村村民大多为外地搬迁至此,未能建立系统的宗族祠堂与家谱,所以聚居此地的同姓或异姓村民以寺庙祭祀建立地缘联结。寺庙的信仰对象除了佛道信仰,也包含地方民间信仰,具体反映在每个自然村都有信奉的村落"保护神"。以麦积村为例,麦积村主要有三种庙,分别是家神庙、山神庙和方神庙,但规模均不大。麦积村只有一家李姓的家神庙。每个自然村

---

❶ 赵晓梅. 土地与神祇·金华乡村:武义江与永康江流域的乡村社会与历史文化遗产 [EB/OL]. (2023−02−19) [2023−03−11]. https://m.thepaper.cn/newsDetail_forward_21946714.

都有山神庙, 过去是为祈求五谷丰登、风调雨顺。每年春节和每月农历初一、十五山神庙十分热闹, 会举办闹社火活动。农历五月初五会在山神庙杀一头猪、一只鸡, 插几杆红旗, 祈求农事顺利。麦积村和孟山村则受方神庙、瑞莲寺的"掌管", 会在农历七月十二办庙会, 祈求保佑一方太平。

(二) 瑞莲寺发展历程及民俗活动

瑞莲寺 (图5.3) 也被周围村民称为方神庙, 位于麦积山以北约2千米处。根据《天水县志》和其他相关资料考证, 清代瑞莲寺便已存在, 清代嘉庆、道光、咸丰年间还曾多次在瑞莲寺、南郭寺、同仁寺等寺院为出家人或居士举行发放戒牒仪式。[1] 然而, 寺院后来遭到损毁, 原址已不可考。现存的瑞莲寺为20世纪80年代村民集资重建而成, 供奉有华严三圣 (释迦牟尼佛、文殊菩萨、普贤菩萨)、九天圣母、黑池龙王、杨泗将军、药王等。

图5.3 麦积村瑞莲寺正门

瑞莲寺的信仰对象及活动有浓厚的民间特点, 将佛教信仰与山神、方神等民间信仰相结合, 并形成一定的宗教仪式与活动。受地方文化影响, 麦积村村民往往称神祇为"方神", 即保佑一方百姓的神灵, 并未对信仰对象进行严格的宗教区分。人们认为方神庙的"方神""掌管"一片地区的百姓, 如瑞莲寺 (方神庙) "掌管"麦积村和孟山村, 两村村民会定期前往寺庙进行礼拜供奉。

---

[1] 中国地方志集成·甘肃府县志辑32·民国天水县志 [M]. 南京: 凤凰出版社, 2008: 198.

瑞莲寺现有的庙会以民间自发组织为主。农历七月十二为"方神"诞辰，周边及远在天水市的村民会到瑞莲寺烧香、诵经、祭拜"山神"。每年四月初八佛诞日会有唱戏等活动，从初八持续到十四，共7天。过去曾有"游神"活动，轿爷抬着佛像，围绕村子举行祭拜仪式，后前往麦积山石窟祭拜。农历七月十二，麦积村村民会在居士的带领下烧香祈福、祭拜山神（图5.4）。

图5.4　农历七月十二"方神"诞辰日拜山神活动

（三）豆积寺发展历程及民俗活动

豆积寺也称为西应寺。豆积山位于麦积山以西约2千米处，豆积寺位于豆积山南坡，东望麦积西崖，或为寺名"西应"由来，又一说为"西应阿弥陀佛"的宗教取名方式。据《秦州志》和麦积山石窟有关资料考证，宋时豆积山有胜果院，为麦积山瑞应寺七处下院之一。豆积山南坡高处曾遗存佛道合一的明代寺院一座，乡人称为"西应寺"。农历三月二十为庙会期，每逢会，四方远近敬香者络绎不绝，钟磬之声悠扬，木鱼之声相闻，香烟缭绕，寺如云上仙台。后寺庙损毁残破。

现存豆积寺（图5.5）为1990年起麦积、草滩、红崖、卧虎四村村民集资重建，后逐年修造。现主要供奉的是佛教的地藏王菩萨、四大天王等。豆积寺现为该区域内影响较大的佛教寺院，在重要的佛教节日会举办法事活动。农历三月二十为该寺院庙会期，延续至今。农历七月三十地藏王菩萨诞辰日也会举办活动。

图 5.5　豆积寺正门

除佛教寺院以外，麦积山周围还存在大量道教场所，与麦积山石窟的关联并不密切。例如，卧虎寺为道教道观，为近几年重修，现仍有道士居住其中，并定期举办道教仪式，每年的农历七月十二至十五举办庙会。部分村民会根据自己的信仰选择参与不同的佛道法会，另有部分村民对佛道教的神祇并不作明确区分，只为祈愿积福或者参与看戏活动。

四、 周边社区发展与景观保护

历史上麦积山石窟的发展与周围社区、村民的参与密不可分，如维护栈道、重妆塑像、捐金募集等。随着麦积山石窟成为文物保护单位及旅游名胜，周围社区的发展受到了文物保护的限制，也受旅游业的影响获得了较快的经济发展。

未来麦积山周围社区的发展也与新修编的《麦积山石窟保护规划》密切相关，如何统合各方利益，在保护麦积山石窟文物安全及环境景观的同时促进周围社区的持续发展，仍需要进一步讨论。

（一）社区发展过程与人口来源

历史上麦积山石窟周围并非一直都是人迹罕至的山区。甘茹的诗碑中有"慧风吹豆甲"的诗句，可见麦积山周围有不少豆田。明代的《麦积山开除常住地粮碑》记载："旧设常住田三百二十亩，皆脊薄山岗，阴寒陡涧，春回暑际，露落秋前，所出不过燕麦小荞等。"虽然历史上有荒芜的情况，但是有佃户在该区域耕田则是更常见的情况。这些田地是历史上麦积山周边常见的村落景观要素，它们往往隶属于麦积山的寺院或周边的寺院，为"寺田"。可以想象，由于宗教活动背后必需的经济活动，周边的山村逐渐发展起来，并与寺庙的发展存亡休戚相关。

根据地理空间距离及保护规划的范围，麦积山石窟周围社区主要为麦积村（教场里、寺沟组、上河组）及草滩村（草滩、土桥子组、土桥子三组、李家山）。关于这几个村子的记载少见于古代文献，目前的居住者很有可能大部分为别地迁居。1961 年 7 月的《中国新闻》记载："麦积山的正对面便是有名的香积山群峰，峰峰被绿柏翠桐掩没，不时荡起一层层绿波。香积山下的一片广阔平地，有的已经开垦，禾麦繁茂，郁郁葱葱；有的尚作牧地使用，青草如茵，牛羊成群。麦积山及其附近地区原来的荒凉面貌，如今也一年年在大变样。"❶可见，对该区域土地大面积的改造利用从那时已经开始，目前可以看到的村落景观主要也是中华人民共和国成立后建造的村舍建筑。

根据麦积村村民口述，麦积村人口主要由两次移民和他们的后代组成，第一次是明洪武年间的移民，第二次是中华人民共和国成立后的移民。据村里的老人讲，最早搬到这里的是明洪武年间的山西移民，但没有明确的家谱记载。第二次移民为三年困难时期（1959—1961 年），秦安县发生饥荒，由河南等地搬迁到麦积山周围四五十户。现居住在教场里的村民原为秦安县人，是 20 世纪五六十年代搬迁到这里的。由于早期颍川河水流较大，且未修筑堤坝，教场里村民渐渐往香积山方向迁移，形成了现有的村落格局。麦积山寺沟组的傅姓村民也多原为秦安县人。

---

❶ 天水麦积山文物保管所. 麦积山石窟资料汇编（初集）［G］. 天水：麦积山艺术研究会，1980：142.

（二）社区基本信息及产业结构

麦积村为麦积山石窟所在地的村级建制村庄，共383户1524人，有6个自然村，包括寨子、孙山、阮沟、侯家庄、寺沟、上河。教场里属于麦积村，且位于麦积山石窟栈道正前方的眺望范围内，现有18户35人，人口来源主要是20世纪六七十年代由外地迁入，较早的已发展为五代人，迁出地包括秦安、平南、三阳川、通渭等。目前教场里村民主要从事旅游业（农家乐），现有农家乐8家，其中6户居民主要生计来源依赖景区旅游。

麦积村上河组、寺沟组位于麦积山石窟的西北面，不在石窟栈道的可视域内，处于新版保护规划的一般保护区内。上河组有46户242人，寺沟组有40户160人。当地居民主要从事农耕，粮食作物以小麦、玉米和荞麦为主，兼有劳务输出和从事旅游服务业、运输业、餐饮业等。近年来，随着国家退耕还林政策的逐步落实和小城镇建设的实施，当地居民均已转为城镇户口，绝大多数居民转而从事第三产业和劳务输出，其中有40多人从事旅游业。麦积山石窟艺术研究所及景区内现有上河、寺沟组工作人员29名，从事保卫、环卫、车队司机、售票、后勤等工作。

草滩村居民有248户1024人，耕地1495亩，林地3725亩，果林1495亩，退耕还林土地2230亩。目前村民主要从事农耕、在周边地区就业或待工，老年人和妇女、儿童留在村中，还有十几户人家以养蜂为生。草滩村部分住户是在2010年以前从李家山搬迁来的，草滩村部分人的老房子还在李家山上，部分放牛的村民还居住在山上的老房子里。李家山是一片比较平缓的丘陵山坡，在山坡顶可以远眺麦积山。这里的居民原本依赖耕种土地、放牧生活。麦积山石窟成为文物保护单位之后，有村民参与过栈道工程的供水供电建设。目前有不少景区讲解员和贩卖旅游小商品的村民来自草滩村、李家山。

（三）未来社区发展与文旅的关联

自1984年麦积山石窟对国内开放旅游以来，附近村庄、村民因此收获了旅游业的红利。特别是麦积山石窟申遗成功后，其知名度不断提升，旅游业带动了麦积山周围村庄的经济发展。村民主要开办农家乐、售卖小商品、担任景区讲解员或在其他部门工作。周围社区存在差异，临近麦积山石窟的麦积村教场里、上河组、寺沟组主要经营农家乐、住宿业，而相对较远的草滩村则以售卖旅游小商品及在景区工作的方式获得旅游收入。

现麦积村仍有 128 家农家乐，经营状况较好的农家乐年收入可达 20 万～30 万元。现有的游览步行路线设置了商品摊位，多为麦积村村民销售小商品。总体来说，麦积村村民的收入比周围其他村和乡镇的收入高一些。村落间经济发展的不平衡也会带来一些问题，特别是乡村旅游得到发展后，不少村民借债开办农家乐，但往往难以平衡收支，陷入负债状态。

周围社区获得经济发展的同时也面临文物保护单位的管控、世界遗产委员会的监控。《麦积山石窟保护规划（2009）》中将麦积村教场里、上河组划入重点保护区，而寺沟组、草滩村则被划入一般保护区。《麦积山石窟管理规划（2012—2018）》中将麦积村教场里、上河组、寺沟组（部分）划入遗产区，而草滩村则在缓冲区内。不同规划划定的保护范围不统一，导致村庄规模、人口数量及建筑风貌的具体管理难以施行。

目前，以上两份保护管理规划文件均已到期，新版《麦积山石窟保护规划》正在制定中。出于麦积山石窟景观环境保护的需要，村庄发展将面临建筑整改与搬迁问题。麦积村教场里位于重点保护区内，应尽快搬迁并恢复植被；麦积村的上河、寺沟组处于一般保护区内，村庄建筑仍存在大量超高、风貌失调的情况，需要整改。

（四）麦积山石窟建成环境整治措施

1）拆除教场里区域影响栈道眺望景观的非文物建筑，实现该区域内居民全部搬迁，居民安置选择保护区外用地。

2）整改麦积村上河、寺沟组区域内超高非文物建筑，超过一层的建筑改造降层至一层，高度不超过 4.5 米。应采用与麦积山石窟文物环境相协调的建筑形式，符合当地传统建筑风貌。建筑色彩宜采用灰色，建筑屋顶应使用青瓦或彩钢瓦。

3）控制草滩村村庄规模与人口迁入，村庄建筑高度不得超过 9 米；建筑的形式、高度、体量、色调等应当与麦积山石窟的历史风貌和自然环境相协调，建筑形式宜采用当地传统民居的形式。

麦积山石窟给周围社区带来经济发展的同时也限制了村庄规模与人口数量的增长。协调好保护与发展的关系，是制定新版保护规划的难点与重点。

第四节 小 结

本章回顾了麦积山石窟21世纪以来的人地互动。从麦积山石窟成为世界遗产的过程入手，总结并分析了申遗文本中的历史价值、艺术价值、科学价值、景观价值、文化价值、社会价值。总结了多个与麦积山景区相关的利益主体，重点分析了管理机构的现状，并简要概述了社区群体、合作研究机构、普通游客的现状。重点讨论了保护管理、旅游参观与公众展示研究、信仰团体与文化空间、周边社区发展与景观保护四个方面的工作成果。

本章着重对麦积山石窟作整体价值的重新挖掘、统合与拓展，梳理了当下的保护、展示、利用过程，展望了未来工作改进的方向，同时也进一步彰显了麦积山石窟在中国石窟寺遗产大类型中独特的定位，使其焕发出独一无二的生机。

结语

第六章

一、 价值拓展： 麦积山石窟核心价值分析

在麦积山石窟以往的价值认定中，相比其他价值维度，最重要的价值是历史价值与艺术价值（包括文物价值）。从我们以往对麦积山石窟的认知来看，麦积山石窟由于开凿在高耸的崖面之上，所以保留下来的北朝时期的泥塑成为我国早期石窟雕塑的珍贵样本，成为美术创作的临摹品和美育资源。不同风格的造像、题记代表着不同时期历代王朝在麦积山留下的历史痕迹。

在本书的研究中，尤其关注了多种尺度空间下的麦积山石窟，这也对追溯麦积山石窟多种佛教造像产生的原因做了深度的推进。麦积山石窟的造像风格是随着历史更迭而变化的吗？

其实不然，综合宏观地理空间的视角，平城（今大同市）、洛阳、长安（今西安市）作为北朝都城，当地的佛教造像风格均对麦积山石窟产生了影响（包括宋代和清代风格，也并不是麦积山影响其他地区，而是宋辽时期的一种普遍风格）。麦积山石窟在诸多曾经具备文化影响力的北方都城附近的石窟中，只是一处受到强势风格影响的石窟遗迹，这种被动接受风格传来的性质在丝绸之路沿线的石窟尤其是河西走廊中都有体现。

麦积山石窟位于陇蜀古道和长安—天山丝绸之路沿线，位于西北丝绸之路的重要分岔口，石窟栈道的开凿技术在这里得到最大程度的发挥，不同的造像风格在崖面上呈现出多时代的文化层累。在我国绵延的历史发展中，在边境广阔、国力强盛之时，麦积山石窟并没有自身强势的文化影响力，而在国力衰弱、成为边境之时，麦积山石窟却在纵向和横向发展出丰富精彩的艺术历程和题记景观。维持麦积山石窟持续发展的动力主要还是来源于秦州周边地区各类人群的长时间建设。

这种持续发展的石窟类型基本聚集在我国河西地区，而兼具山水景观和洞窟造像的石窟类型，且规模如此庞大，在我国是较为罕见的。

二、 类型或方法： 文化景观方法论的学术意义与适用讨论

本书中对于文化景观方法论在麦积山石窟研究中的应用，有助于我们从时

间和空间、人物、事件几个维度认识麦积山石窟的人地关系，构建起横纵网络，不但补足了对麦积山石窟在 5 — 13 世纪以后的传统认知，而且有助于在宏观、中观、微观多个维度完整认识麦积山石窟的技术与艺术风格，形成对麦积山石窟连续性、整体性的认识。

这样的研究方法目前在敦煌莫高窟、云冈石窟都有示范性的先例，未来也将成为中国石窟寺研究的一个不可或缺的视角，在学术层面能够补足考古报告以外的中古时期后的历史情况，在当代的价值则在于助力各地保护规划的修编，完善相关修复人员的历史、地理及文化认知。

三、 课题展望： 文化景观视野助推规划落地的实践意义

在文化景观视野下对麦积山石窟进行再度阐释研究，有利于助推新编规划落地。

首先，在保护对象认定方面，修编后的保护规划将进一步明确从窟龛造像本体保护到周边环境整体保护的特色。新版规划编制团队结合文化景观视野，研究了麦积山石窟从北魏开龛凿石到近现代成为"东方雕塑馆"的整体历史过程，力图使其在当下与未来的保护、展示、利用过程中呈现出全面丰富、层次多元的核心价值，彰显麦积山石窟在中国石窟寺遗产类型中独特的定位，使其焕发出独一无二的生机。

其次，修编后的保护规划将更加适应石窟寺由抢救性保护向预防性保护的转变。伴随着 20 世纪大部分岩体加固工程的完工，中国石窟寺保护即将进入新阶段。预防性保护作为科学预测和日常保养的事先行动，相较于抢救性保护的被动和应急具有更长远的意义。自 20 世纪 80 年代起，麦积山石窟的修复保护工作就开始继承敦煌经验，雕塑艺术临摹研究与修复保护工作齐头并进，至今已经建立全国领先的彩塑保护修复技术及其传承体系。这一技术传统为麦积山石窟的日常保养和预防性保护提供了重要的理论基础和实践支撑。因此，提升麦积山石窟彩塑修复经验在现代文物保护工作中的重要性和关注度，推动传统技艺与现代科技在文物保护中的结合研究，是实现麦积山石窟发展特色的重要路径。

在社区参与层面，规划修编团队着力于提升社会参与度和居民文化认同感，建立决策过程中利益相关者的征询机制。世界遗产是全民共享的遗产，其保护和管理离不开社会和公众的全面参与。麦积山石窟作为世界文化遗产的评定，提高了国际知名度，扩大了受众人群，也加深了地方信众对于石窟作为世界瑰宝的认知。麦积山石窟的规划工作不能高筑专业壁垒，形成兀自向内的保护模式。规划修编团队在持续了三年的调研工作中注重石窟周边村落与村民的走访调查，面向社会公众进行持续的价值阐释，让更多社区公众参与到修编工作中，提出他们的看法、建议并共享成果。

最后，作为南北朝以来陇右地区重要的佛教活动中心和勾连丝绸之路沿线石窟和佛教发展脉络的重要遗迹，麦积山石窟还具有特殊的文化影响力。因此，将麦积山石窟未来的保护与研究工作置于"一带一路"建设的视野下，梳理其在河西走廊和丝绸之路文化传播交融中的相对关系，钩沉往昔的物质文明和精神文明，以挖掘价值为核心全面阐释麦积山石窟的特色与内涵，也是发挥麦积山石窟遗产教育与文化价值的重要支撑。

在新的发展时期书写、保护、传承麦积山的价值，规划修编只是一个开始。未来，对麦积山石窟调研成果进行深入阐释与转化，还需要更多学科领域、不同专家学者团队的参与，也需要全社会围绕麦积山石窟的保护，共建和谐的环境，共享研究的成果，共同阐释新时代的麦积山石窟文化和价值。

附录　多维麦积山石窟年表

（年表请扫码查阅和下载）

后记

  2014 年初春，我从兰州来到天水，从甘肃省博物馆调到麦积山石窟艺术研究所工作，转瞬间已有近十个年头。在麦积山最初的几年，居住在瑞应寺东侧麦积山馆隔壁的宿舍，晨昏信步于石窟周边，看遍山峦溪涧，初识麦积山石窟于林泉间的中观空间，赞叹古代先贤营建石窟选址之奇、开窟之妙、造像之美、壁画之绝。

  此间，杜晓帆学长离京赴沪，任教于复旦大学文物与博物馆学系，创立复旦大学国土与文化资源研究中心（以下简称"团队"）。他把麦积山石窟作为文化资源研究的一处重要文化遗产点，数次到麦积山石窟调研，并指点我如何从文化景观视角解读和阐释麦积山石窟的价值。中国古代石窟寺是全面反映文化交流、文明互鉴、民族融合等最为重要的文化遗产类型之一，但是从文化景观的视角去解读和阐释它，尚属一种十分新颖的尝试。麦积山石窟"通中西、贯南北"，通的是丝绸之路，贯的是陇蜀古道。由此，我对麦积山石窟的历史、民族、环境、人文、佛教、艺术、传承等诸方面的问题产生了思考，并着手开展初步研究。

  2021 年，甘肃省敦煌文物保护研究中心公开征集开放性研究课题，我申报的"文化景观视野下的麦积山石窟价值阐释"研究课题承蒙专家厚爱，被列为重点课题给予资助。借此机缘，我开始着手研究，即从文化景观的视角对具有1600 年开窟史的麦积山石窟进行解读和阐释。

　　同年，麦积山石窟艺术研究所委托团队对即将到期的《麦积山石窟保护规划（2009）》和《麦积山石窟管理规划（2012—2018）》进行修编。在杜晓帆、王金华、王辉等教授的指导下，在侯实、祁姿妤、周孟圆几位年轻老师的带领下，研究生王军、文凯、聂然、张思宁、赵艺寅、陈孟轩、于晨曦、高添媛、蒋林昀等人赴麦积山石窟开展实地调研工作。虽在疫情时期，但热情不减，最多时工作人员达十数人，最长的一次调研工作时间超过一个月。他们所做的现场调查和文献整理工作为我的研究工作提供了重要的理论依据和支撑。团队返回上海后，杜晓帆、王金华教授继续对我的研究工作进行指导，特别是祁姿妤博士为我在本书撰稿期间的资料汇总、书稿润色与校对方面做了很多工作，提供了极大帮助，并组织方方、马小健等同学绘制插图。麦积山石窟艺术研究所的马千、孙晓峰、董广强、唐冲、岳永强、张铭等诸位学者对我的研究工作给予了各种数据上的支持和积极鼓励。书稿完成之时，往日的一幕幕宛若在眼前，我自知，唯有更加努力地在麦积山石窟工作好、为各位师友服务好，才是报答诸君惠泽之举。

　　最后，还必须感谢在麦积山石窟支持我工作的诸位同学、朋友。这十年间父母、家人的理解、支持与鼓励亦应感恩！

李天铭

2023 年春日于天水